# SECRETOS DE UNA MAMÁ FELIZ

## (Casi siempre feliz)

EVA RAMÍREZ CONDE

Mami, tu guía para ser, estar y
sentirte mejor

## Dedicatoria

Para todas las mamás que quieren ser,
sentirse y estar mejor. Más felices,
gozando el momento y siendo una
versión de ellas que les hace sonreír.

Para mi Benji,
que cada día crecemos
juntos y me inspira a ser
la mejor versión de mí.

Para mi esposo,
gracias por tu amor incondicional e infinito.

Para mis papás,
que siempre me dicen que no me
dé por vencida y que todo es posible.

Agradecimientos

Gracias Dios por abrir mis caminos de sabiduría y
creatividad para ayudar a otras mujeres, sus hijos y al
mundo con más amor.

# CONTENIDO

**Importante**

Parte de las ventas de este libro se van a la asociación
VIFAC quienes apoyan a mujeres vulnerables durante
su embarazo

Para saber más de esta asociación: VIFAC.ORG

# PRIMERA PARTE

## Reflexionando…

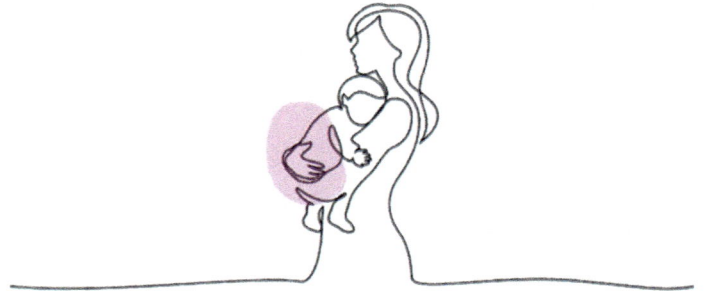

**66**

# Es fascinante ver como Dios te va dando poco a poco todo aquello que le has estado pidiendo con el corazón

**99**

*-Créditos al autor*

*"La vida no viene con un manual de instrucciones, viene con una mamá y con mucho amor"*

*-EVA RAMÍREZ*

# PARA UNA AMIGA, PARA OTRA MAMI

Quiero que leyendo esta guía la goces, te sientas más feliz y sobre todo te ayude a tener una sonrisa en tu rostro y que miles de ideas, acciones, metas, cambios y planes felices y emocionantes se te vengan a la mente y los hagas realidad.

Esta es una guía dedicada a todas las mamás que quieren sentirse felices, que quieren gozar ser mamá, esposa y todo al mismo tiempo. En especial, a todas aquellas mamás que están solas, sin apoyo de familia o personal por las diferentes circunstancias que las puedan rodear.

Esta guía no es una receta mágica para tu felicidad, pero sí te va a dar los ingredientes para construirla y vivirla mejor día a día. Quise escribir esta guía con mucho amor y empatía, de forma que fuera simple y práctica de leer, porque sé que, como mamás, nuestro tiempo libre es preciado y muchas veces limitado.

Quiero decirte mamá, que yo también he llorado porque siento que ya no puedo más, porque me siento cansada, porque me exijo demasiado, pero te aseguro: TODO SIEMPRE MEJORA. Sólo si tú quieres y decides hacer algo para cambiarlo.

"No existen mamás perfectas, sólo mamás reales que se cansan, ríen, juegan, pierden la paciencia y, al día siguiente, vuelven a intentarlo todo con más amor"

**Un poco de mi historia...** Nos embarazamos y tuvimos a nuestro bebé en el extranjero en pandemia, solos mi esposo y yo. Por lo que, como mamá primeriza, lejos de mi familia y amigos y con mi esposo estudiando su MBA, fue todo un reto para mí el mantener mi bienestar físico, pero sobre todo mi bienestar emocional. Mi bebé es el mejor regalo que me ha dado la vida, el amor más puro e incondicional que puedo sentir. Pero también, ha sido el reto más grande de transformación para mí y para mi esposo. Los hijos hacen que el amor se fortalezca, se multiplique aún más y saque la mejor versión de ti, y te exige que siempre seas valiente.

Lo que vas a leer a continuación te va a ayudar a crear en ti un pensamiento más positivo y optimista de ser mamá/mujer/esposa/ y todo al mismo tiempo. Toda la información, herramientas y consejos que encontrarás aquí, yo lo hice/hago, yo lo intenté/intento y es parte de lo que me ha ayudado a tener una mejor relación conmigo misma, con mi bebé, con mi esposo y con todos aquellos que me rodean. Todo esto lo logré a través de leer miles de libros y artículos, escuchar podcasts, hablar y consultar con expertos, platicar y cuestionar a mamás de todas las edades, leyendo historias de vidas diarias en comunidades de mamás en Facebook e Instagram y, sobre todo, experimentando con mi propia vida diaria como mamá.

Te recomiendo que leas un secreto por día y lo apliques en ese mismo momento. Ojo: De nada servirá que los leas todos, si no los intentas y los aplicas en tu vida diaria.

Sé que todas somos diferentes y estamos en diferentes circunstancias, por lo que haz y toma lo mejor para ti y compártelo con aquellas mamás que lo necesitan.

Mami, siempre recuerda que eres valiosa, maravillosa, grandiosa, extraordinaria y lo estás haciendo lo mejor que puedes con mucho amor.

*Con todo mi amor y gratitud*
*te mando un gran abrazo*

*Eva*

No puedes volver atrás y cambiar el principio, pero puedes comenzar donde estás y cambiar el final

*-C. S. Lewis*

*"Nada puede prepararte para la*
*maternidad,*
*pero la maternidad*
*se encarga de prepararte para*
*cualquier cosa que la vida te ponga*
*en el camino"*

*-EVA RAMÍREZ*

# SER MAMÁ, SER TODO

## Querida mamá, ahora lo entiendo todo...
## ¡Gracias!

¿Qué haces justo ahora? Tienes tiempo libre porque finalmente tu bebé está durmiendo la siesta; estás en un vuelo de trabajo; es de noche y acabas de terminar de limpiar la cocina y disfrutas tu tiempo a solas; estás en el baño. (Inserte aquí el escenario donde tienes tiempo libre).

Hay un mensaje que me encanta leer y me hace sentir poderosa como mamá y mujer: «Cualquier cosa que puedas hacer, las mamás lo pueden hacer con una mano y sin haber dormido». Hasta que eres mamá, realmente te das cuenta de todo lo que hacían nuestras mamás por nosotros: el gran amor, el esfuerzo, la energía, el tiempo, los sacrificios, etc. Hoy somos todo para nuestros niños: su lugar seguro, su fuente de alimento, su fuente de amor, su alegría... y su chef, cantante, doctora, maestra, animadora, psicóloga, cazadora de monstruos..., y agrégale todo lo que se te venga a la mente. Y luego somos esposas, y al final nosotras.

Ser mamá te transforma cada día y hace que te encuentres a ti misma muchas veces, te empuja a enfrentar miedos, inseguridades, curar heridas para lograr la mejor versión de ti misma, porque quieres lo mejor para ti y tu familia. Ser mamá te hace llegar a tus límites e ir más allá de ellos para ver a tu familia feliz.

¿Has pensado lo valiosa, increíble y extraordinaria que eres? Créelo y repítelo cuantas veces sea necesario para que lo creas y lo sientas. Mami, sólo por dar vida, eres: maravillosa, extraordinaria, valiente, amorosa, mágica, fuerte, valiosa, sexy, única, guerrera, imparable, hermosa, amada, virtuosa, inteligente, capaz, entre muchas otras más. **Ser mamá y ser mujer son un súper poder.**

Pero no lo olvides mami **«Mamá feliz y familia feliz»** y hasta puedo decir: «Mundo feliz». Es tan cierto esto, porque nosotras, como mujeres y madres, somos el núcleo de amor que se expande y entrelaza con nuestros hijos, nuestro esposo y nuestra sociedad. El amor es el sentimiento más fuerte y poderoso sobre cualquier cosa en este mundo porque no tiene límites. Tenemos un poder muy grande; créelo, siéntelo y sobre todo úsalo. La maternidad es la base de la sociedad en la que actualmente vivimos. Como madres, somos agentes de cambio todos los días; nosotras guiamos a la sociedad por ser progenitoras y por pasar el mayor tiempo con nuestros hijos, por lo que, de cierta manera, sentamos las bases de los valores y principios de la sociedad en la que vivimos.

Mami, por lo que tu felicidad **SÍ** importa y es la clave para el presente y futuro de tu familia y sobre todo el tuyo.

16

*"Deja de ver las vidas que quisieras y empieza a vivir la vida que quieres"*

*-MARGUGA*

# FELICIDAD o PERFECCIÓN

## Ser feliz no se trata de tener todo lo que quieres, sino de disfrutar todo lo que tienes

¿Qué te hace feliz? ¿Qué hace que sonrías al instante? Un: "te amo mami", probar un delicioso café caliente por la mañana, comer tu postre favorito, reír a carcajadas con tus amigas, cantar en el karaoke, bailar, o que tu hijo se duerma temprano…

Hoy más que nunca las redes sociales nos inundan con fotos y videos de "mamás y vidas perfectas" filtros y retoques por todas partes, pero la buena noticia es que hoy en día también en las redes sociales hay mamás que te muestran todas las realidades de sus vidas: vidas imperfectas, pero felices y, que su objetivo es la empatía, la concienciación y el amor propio como madre y como mujer. No lo olvides, la comparación mata la felicidad. Aprende de todos, pero no te compares con nadie.

"NADIE NADIE NADIE absolutamente NADIE tiene la vida perfecta", por más fotos felices, por más fotos perfectas, por más dinero, por más ayuda, todos SOMOS HUMANOS y todos tenemos niños que lloran, que se enferman, que corren por todas partes, maridos que a veces nos desesperan, etc.

Sí, se vale inspirarse en otros para ser y querer estar mejor, pero nunca compararte. Porque todas somos maravillosamente únicas e imperfectas, irrepetibles y porque simplemente nuestras historias y circunstancias de vida son distintas. Antes de querer compararse, recuerda: vas a tu ritmo, tu historia es distinta, tu camino es único, valora tus logros y esfuerzo, y lo que vemos en la vida de los demás es una mínima parte y muchas veces actuado. La vida siempre va a ser de muchos colores (siempre van a ocurrir cosas buenas y no tan buenas), el cambio es lo único constante y no todo siempre se trata de ti (cuidado con el ego).

¿Qué pasa cuando nos comparamos? Nos frustramos, nos desilusionamos y creamos un círculo vicioso de emociones negativas. Recuerda, las redes sociales están diseñadas para hacerte pensar lo siguiente: "Tal vez debería estar en otra parte, haciendo otra cosa, con alguien más". **Si siempre piensas que tu felicidad está en otra parte, nunca estará donde tú lo estás**. No existen mamás perfectas, sólo mujeres que aman con todo su corazón a sus hijos e intentan ser mejor cada día para ellas y para sus familias. La felicidad no se encuentra, se vive y se crea día a día.

**«Mi felicidad es mi responsabilidad».** Siguiendo lo anterior, la felicidad se construye, es un compromiso y decisión contigo misma de todos los días. La felicidad es aquella sensación de bienestar, satisfacción y paz que sientes en tu corazón a pesar de lo que suceda a tu alrededor. Yo le llamo; BALANCE.

La maternidad es una montaña rusa de emociones todos los días. Siempre va a haber días perfectos, días de pesadilla, días normales, días que te hagan sentir la mejor y peor mamá del mundo; días demandantes, pero siempre mejores. Y todo inicia primero conquistándote a ti misma, y luego sobre el mundo que te rodea. La felicidad como el pensamiento positivo, el optimismo, o la resiliencia son un músculo que hay que practicar todos los días para fortalecerla y conquistarla. <u>La felicidad no es la ausencia de problemas es la habilidad para lidiar con ellos.</u> No tienes que esperar hasta que no haya problemas en tu vida para ser feliz y estar en paz. La realidad es lo opuesto. **<u>Primero tienes que trabajar en ti para alcanzar la serenidad y, después, los problemas disminuyen y desaparecen.</u>**

Nuestros hijos no necesitan una mamá perfecta, necesitan una mamá feliz. **«Mamás felices es sinónimo de hijos felices».** Aprende a disfrutar tu día, a quererte mucho a ti y a los tuyos, porque hoy estamos aquí, pero mañana no sabemos. Hoy relájate, respira, dale miles de besos a tu bebé y a tu marido, y estallen en una ola de risas y cosquillas. Por hoy, sólo disfruta este día. Mañana será un mejor día, ya lo verás.

*"Tu vida es una posibilidad infinita de reinventarte"*

*-EVA RAMÍREZ*

# TODO MUNDO TE PREPARA PARA TU BEBÉ, PERO NADIE PARA LA NUEVA TÚ

## Lo que nadie me dijo de la maternidad

"Nadie te lo cuenta. Lo difícil que puede ser la maternidad. Lo sola que te puedes llegar a sentir. El hecho de que puedes estar llena de felicidad y amor, pero también sumamente triste. Porque convertirse en mamá es volver a nacer como una mujer nueva".

— Ana Paola Lynch

¿Y ahora quién soy? ¿Mi vida será así siempre? ¿Nunca más tendré tiempo para mí? Respira y siéntete tranquila, todo pasa, todo es provisional. Quiero decirte que eso que tal vez sientas, esa confusión, esa desconexión contigo misma es algo normal y algo que naturalmente podría ocurrir después de una gran serie de cambios físicos y psicológicos, que ahora te han llevado a una vida totalmente distinta. El dolor es información y lo necesitamos para identificar cosas que necesitamos sanar, cambiar y transformar. Aunque es difícil, abrirle la puerta al dolor es lo más importante que podemos hacer en nuestro presente para soltar y tener una mejor vida.

La maternidad cambia todo: tus hormonas, tu cuerpo físico, tu mente, tu corazón, tu espíritu... y tus relaciones, prioridades, tiempo, libertad, individualidad, juicios, miedos y expectativas. Porque

23

ya no solo eres (tu nombre), sino mujer y mamá y tienes bajo tu cuidado y completa responsabilidad el bienestar de otro ser humano. Pero esto no quiere decir que ya no tengas vida propia ni sueños, sino que estás sumando y ganando crecimiento a tu ser con un amor irrepetible y extraordinario. Y todo esto, para crear increíbles y nuevas oportunidades de experimentar y vivir la vida. Ahora tienes la oportunidad y el poder de un amor infinito de seguir adelante en la dirección que tú lo decidas. Aunque puede ser que aún no lo veas, esta nueva TÚ es más increíble y maravillosa, pero tienes que trabajar en ella con mucho amor, aceptación, paciencia, compasión y validación. Son nuestros propios juicios y expectativas lo que a veces nos puede llevar a perdernos en nuestro ego y herirnos, sin dejarnos ver el maravilloso trabajo que estamos logrando y vamos a lograr.

Por eso, es muy importante, que nunca te pierdas a ti misma en este proceso de ser mamá. Si sientes que esto te está pasando, debes buscar volver a encontrarte contigo misma, con esa versión que te haga feliz.

Durante la maternidad nos desgastamos tanto que corremos el riesgo de terminar en el agotamiento y la irritabilidad extrema y eso ocasiona desconexión y conflictos contigo, con tu pareja y con tus hijos. Mamá, ¡Tu autoestima y cuidado personal es la forma en que recuperas tu poder! No te desesperes si no puedes hacerlo de inmediato. Muchas veces toma tiempo y es algo gradual. Paciencia, tú puedes. Toma un paso a la vez.

Tú puedes ser quien tú quieras hoy, mañana o el próximo año. Cada día es una nueva oportunidad. Tú eres la única que tiene el poder para decidirlo y ponerte en acción para lograrlo. A partir de hoy, puedes tener una vida totalmente diferente o mejor, tú decides y tú actúas para hacerla realidad. Nunca es tarde, siempre puedes volver a empezar.

Por otro lado, el que muchas veces la sociedad romantice la maternidad, de acuerdo con la familia, cultura y sociedad en la que se vive, puede traer terribles consecuencias para la nueva mamá. Esto va desde el silencio doloroso y culpable de madres que no se sienten bien en su salud mental y física, pero quieran ocultarlo por vergüenza o miedo, resultando en terribles consecuencias. Si este es tu caso, por favor, mamá, no estás sola, busca ayuda lo antes posible. Eres valiosa e increíble, todo puede volver a funcionar y sentirse bien. Es mejor actuar ahora.

# Te comparto los síntomas de Depresión Posparto, de acuerdo con la Clínica Mayo

Si estás experimentando nuevos, severos o síntomas persistentes como a los que a continuación leerás, por favor contacta cuanto antes a un experto de salud mental:

<u>Síntomas</u>
- Estado de ánimo deprimido o cambios de humor graves
- Llanto excesivo
- Dificultad para relacionarse con el bebé
- Aislarse de familiares y amigos
- Pérdida del apetito o comer mucho más de lo habitual
- Incapacidad para dormir (insomnio) o dormir demasiado
- Fatiga abrumadora o pérdida de energía
- Interés y placer reducidos en las actividades que solías disfrutar
- Irritabilidad y enojo intensos
- Miedo a no ser una buena madre
- Desesperanza
- Sentimientos de inutilidad, vergüenza, culpa o insuficiencia
- Disminución de la capacidad de pensar con claridad, concentrarse o tomar decisiones
- Inquietud
- Ansiedad grave y ataques de pánico
- Pensamientos acerca de lastimarte a ti misma o al bebé

- Pensamientos recurrentes de muerte o suicidio.

Prevención
- Si tiene antecedentes familiares de depresión, consulta a tu médico durante el embarazo
- Ir a la prueba de detección de depresión durante el embarazo y también después del nacimiento del bebé
- Pide ayuda para que puedas obtener el sueño, la comida, el ejercicio y el apoyo general necesarios
- Evite el alcohol y la cafeína durante y después del embarazo
- Rodéate de una atmósfera positiva.

Consecuencias
- Si no se trata a tiempo, puede resultar en depresión crónica
- Aumento de las posibilidades de depresión futura
- Afecta el desarrollo psicológico del niño
- El paciente puede desarrollar tendencias suicidas.

## Psicosis posparto

Con la psicosis posparto, un trastorno poco común que generalmente se desarrolla dentro de la primera semana después del parto, los signos y síntomas son graves. Entre los signos y síntomas pueden encontrarse los siguientes:

- Confusión y desorientación
- Pensamientos obsesivos acerca de tu bebé
- Alucinaciones y delirios
- Alteraciones del sueño
- Exceso de energía y agitación
- Paranoia
- Intentos de lastimarte a ti misma o a tu bebé
- La psicosis posparto puede causar pensamientos o conductas que ponen en peligro la vida y requiere tratamiento inmediato.

***No estás sola mamá, pide ayuda o ayuda a alguien que lo necesite.***

*Te mando un gran abrazo*
*y todo mi cariño,*
*estamos juntas en esto.*
*Juntas somos más fuertes e imparables*

*"Puedes, pudiste y podrás. No necesitas sentirte bonita todo el tiempo, pero ojalá siempre te sientas valiosa"*

*-EVA RAMÍREZ*

# LO ENTIENDO, NO SIEMPRE ES FÁCIL. PERO TÚ SIEMPRE TE VUELVES MEJOR

## Hoy no será siempre

La maternidad es un viaje de autoconocimiento y transformación. La maternidad ni te crea ni te destruye, sólo te transforma. Como vivimos este proceso depende de muchos factores, como nuestra salud física y emocional; el apoyo con el que contemos; las herramientas de las que dispongamos; etc. Todas la vivimos de una forma única y diferente, pero para todas es un cambio de vida. Ser madre es hermoso. El detalle es que muchos confunden hermoso con fácil. Solamente tú sabes lo retador que ha sido. Te felicito por seguir adelante todos los días, sobre todo esos días que cuestan más.

Temas como el amor propio, la validación, la autocrítica, las inseguridades, el juicio de otros y la culpa materna influyen en nuestra vida diaria. No se puede juzgar y ser feliz al mismo tiempo. Pero sí evaluarse constructivamente y mejorar. Sin embargo, ¿cómo sabes que lo estás haciendo bien como mamá? Porque lo estás haciendo lo mejor que puedes, con lo que tienes y con mucho amor.

## RECUERDA

- 💜 No hay ni una forma de ser una mamá perfecta. Pero hay miles de formas de ser una buena mamá
- 💜 Tu trabajo no es ser la mamá que tú quieres ser, la que otros quieren que seas o la que no tuviste. Tu trabajo es ser la mejor mamá para ti y para tu hijo, y si te enfocas en eso, lo harás increíble
- 💜 La crianza es agotadora y, es un trabajo, así que exige respeto y mereces descansar
- 💜 No centralices todo en ti, pide ayuda y delega.

Como seres humanos siempre buscaremos la validación y complacer a todos, pero mami, hoy quiero decirte que estos factores no tienen por qué arruinar tu felicidad siempre y cuando seas consciente de dónde vienen y cómo los recibes. Hay comentarios que nos hacemos a nosotras mismas porque tenemos heridas que sanar, porque idealizamos o porque queremos ser la mamá que no tuvimos. Hay comentarios que nos realiza la gente porque nos quieren ayudar y no saben cómo expresarlo, o de plano nos quieren lastimar. Aprende a identificarlos y toma todo aquello que te haga ser y sentir mejor, y lo que no. Lo más importante, es que tú lo identifiques y que tú seas la mamá que quieras ser.

Es difícil tratar de complacer a todos, todo el tiempo. Ser súper mamá no significa hacer todo por todos, recuerda que eres humana y aunque parezca que

32

no, por todo lo que eres capaz de hacer, primero debes pensar en ti y en tu bienestar, y así poder estar bien con todo lo demás. Querida mamá, a veces la mejor manera de cuidarnos es marcar límites y aprender a decir no.

Hacerte consciente de que eres una persona valiosa y merecedora de todo lo bueno de la vida, es reconciliarte contigo y abrirte a la transformación personal y a la posibilidad de convertir tus sueños en realidad, es empezar a dejar caer las barreras y dejar entrar a tu vida todo lo bueno que deseas, y aún más.

*Te abrazo mami.*
*No estás sola.*
*Todas estamos en esto*

Si eres consciente de que nadie más puede hacerte feliz y que la felicidad es el resultado del amor que emana de ti, experimentarás la maestría del amor

*La maestría del amor*
*-Dr. Miguel Ruiz*

# Querida yo

1. Eres una maravillosa, valiosa e increíble mamá y mujer, y lo estás haciendo lo mejor que puedes

2. Eres la mujer más fuerte que conozco y que nadie te haga sentir lo contrario

3. Vive un día a la vez. Haz una cosa a la vez. Por hoy, solamente enfócate en disfrutar este día que estás viviendo

4. No se vuelve más fácil, tú te vuelves mejor.

5. Tú eres la única que puede cambiar tu realidad, solamente necesitas tomar acción, mucha acción y sucederá. Ten fe, mucha fe

6. Ser mamá es equivalente a tener dos trabajos de tiempo completo. Sé amable contigo, lo haces lo mejor que puedes

7. Tu familia es única y especial. Ámala y disfrútala. Los días son largos, pero los años son cortos

8. Puedes más de lo que te imaginas. Vales más de lo que piensas

9. Siempre usa el amor como un puente

10. El amor siempre es el camino y la respuesta.

# SEGUNDA PARTE

Secretos…

*"Cambia el «no puedo» por el «sí quiero», y será más sencillo llegar a la meta"*

-*EVA RAMÍREZ*

# SECRETOS PARA SER UNA MAMÁ FELIZ

Antes de leer estos secretos que te voy a compartir, quiero que reflexiones lo siguiente: Tu vida empieza a cambiar el día que crees en ti y cambias lo que haces diariamente. ¿Estás dispuesta? Creas tu suerte a través de las decisiones que tomas y las acciones que realizas cada día. ¡Aumenta tu motivación a través del cambio, y comenzarán a suceder cosas maravillosas, buenas, positivas e increíbles que cambiarán tu vida y la de los que te rodean! Eres la directora de tu propia película, llamada vida. Tú decides qué quieres que suceda. ¿Cómo te gustaría que fuera tu vida hoy? Descríbemela ¿Qué te gustaría qué cambiara? ¿Qué te gustaría que pasara?

## *Tips* para que te funcionen estos secretos:

- Lee un secreto por día y aplícalo en ese momento o lo más pronto que sea posible
- Empieza por hacer una cosa al día o a la semana
- Agéndalo: cuándo, cómo y dónde lo harás
- Póntela fácil: crea todas las condiciones para que suceda
- Ponte recordatorios: alarmas, *post-its* en el espejo del baño, detrás de la puerta de tu cuarto, en tu pantalla de l*aptop*, en tu buró de la

39

noche, en el refrigerador, en el celular (alarmas, notas, recordatorios, *WhatsApp*) etc.

♥ Hacer cosas nuevas con acompañamiento nos puede ayudar a lograrlo. Invita a quien tú quieras a que te acompañe en este proceso.

# LO IMPORTANTE ES EMPEZAR...

¡Empiezas, empezando!

No te fijes en la escalera, primero pisa el primer escalón.

Gánale al «mejor lo hago mañana» y cámbialo por «Sólo por hoy».

No necesitas ser grandiosa para empezar, pero necesitas empezar para volverte grandiosa.

*"La forma en la que hablamos*
*de lo que sufrimos, cambia*
*lo que sufrimos"*

*-CHRISTIAN DUNKER*

# S1

# ¡HABLA! ¡EXPRÉSATE! ¡SÁCALO DE TU PECHO!

## Valida y reconoce tus emociones

¿Qué te gustaría decir que no has dicho? Callamos tanto que nos ahogamos sin darnos cuenta. Y lo que se vive en silencio, se sufre el doble. De ahí la importancia de desahogarse, de expresar nuestras emociones y opiniones para liberarnos y encontrar soluciones. Lo que no decimos se traduce en enojo, frustración y resentimientos. Muchas veces las mamás no somos felices porque:

1. Callamos o reprimimos nuestras emociones por miedo a enfrentar, lastimar o ser objeto de críticas
2. Preferimos no decir nada porque pensamos que es nuestra obligación "ser fuertes" cuando también se vale sentir y estar inconformes.

El secreto está en desahogarse. Mejor afuera, que adentro. Cuando hablamos de las cosas, las cosas se resuelven y se vuelven más llevaderas y ligeras. Hablar de los que nos duele es observar, entender y ser conscientes de lo que nos ha tocado vivir. Es necesario que expresemos lo que sentimos y pensamos, ya sea con nuestra pareja, con nuestra familia o con nuestros amigos. Siempre habrá alguien cerca de nosotros que nos escuche y nos apoye en esos momentos en que más lo necesitamos.

¿Cómo desahogarse? Permítete sentirlo todo, somos humanos. Hablar sana.

1. Habla con alguien de tu total confianza con quien te sientas cómoda y segura
2. Escríbelo: cuando te sientas triste y sola, y no tengas con quién hablar, escribe mami. Escribir te ayuda a expresar lo que sientes, ordenar tu pensamiento y conocerte mejor a ti misma
3. Busca consejos o si prefieres, sólo platica con esa persona sobre lo que te incomoda. Siempre di lo que sientes, con amor y honestidad, con el fin de que el amor se multiplique
4. Muchas veces, antes de desahogarse es necesario que bajes tu nivel de estrés. Lo puedes lograr al dar un pequeño paseo, salir a disfrutar de una tarde, ver una buena película o escribir una carta a esa persona contándole lo que sientes y por qué lo sientes. Haz actividades que te ayuden a despejar tu mente y aclarar lo que sientes, para poder expresarlo mejor

5.  Asiste a terapia con una psicóloga(o).
    Es uno de los mayores actos de amor propio
    que puedas tener.

    Te comparto algunos recursos:

---

INMUJERES (Instituto Nacional de las Mujeres)
DIF (Sistema Nacional para el Desarrollo Integral de la Familia)
En cada municipio de cada estado en México puedes encontrar
uno y ofrecen servicios de forma gratuita como atención
psicológica, orientación social y legal.

¿Dónde hablar con un psicólogo en línea/videollamada?
TERAPIFY - Aplicación
Psicólogo en línea - Ayuda psicológica en línea

**Psicólogas en línea y presencial (Monterrey, NL, México)**
**Silvia Ramírez**
Correo: psisilvia.rmz@gmail.com

**Melissa Rodríguez**
Contacto: +52 8119041992

**Paty Villarreal**
Psicóloga perinatal/terapia de parejas
paty@amarapsicologia.com
www.amarapsicologia.com

Asociación Regiomontana de Psicología A.C.
https//arpac.edu.mx/archivos/servicios/

---

# INTÉNTALO… ¡TÚ PUEDES!

1. ¿Qué te gustaría decir que no has dicho?, ¿por qué? ¿Cuándo lo dirás? ¿Cómo lo dirás? ¿Te sentirás mejor al decirlo? ¿Cómo cambiaría tu vida si lo hablas? ¿Cómo te sentirás después de hablarlo? ¿Te gustaría hablar con una psicóloga? ¿Sí… Cuándo? ¿Cómo organizarás tu agenda para tener tiempo? ¿Llamada en el carro, en el tráfico o en la siesta de tu bebé?

2. Prueba nuestro curso de *mom journaling* y descubre otra forma de sanar y sentirte mejor como mamá a través de la escritura. Visita: www.proyectomamasfelices.com

*"La vida comienza tantas veces*
*y cada mañana…"*

*-EVA RAMÍREZ*

**66**

# Una mujer que sana a sí misma, sana a su madre, a su hermana, a su hija y a todas las mujeres a su alrededor

**99**

*-Créditos al autor*

*"Soy suficiente
aquí y ahora"*

*-EVA RAMÍREZ*

## S2

# ¿ME QUIERO O NO ME QUIERO?

## El amor propio hace que todo florezca a nuestro alrededor

Hoy, ¿cómo está tu autoestima?, ¿te quieres?

Amarte, quererte y valorarte a ti misma es lo que te impulsa a ser valiente y luchar por tus sueños y tu felicidad. El amor que tanto buscas, quieres y necesitas está dentro de ti y no fuera de ti. El amor propio es fuente de felicidad porque te motiva a lograr, ser y alcanzar tu mejor versión y con ello, todo lo que mereces. Te abre las puertas a una vida con intención y propósito.

Amarte como eres, es un poder que sólo tú te puedes dar, y nadie va a amarte como tu misma deberías hacerlo. Amarte te hace poderosa y casi que invencible.

Todas hemos tenido baja autoestima en algún momento de nuestra vida o cada mes o cada semana. La baja autoestima es resultado de no conocer nuestras virtudes y de no hacer cambios que debes y puedes hacer. Lo que importa es salir de ahí, fortalecerla y darnos cuenta de nuestro gran valor. Fortalecer mi autoestima me ha ayudado a ser valiente y tener bienestar emocional a pesar de los momentos difíciles.

Amarte tal y como eres y aprovechar ese poder a tu favor no llega por arte de magia. Es un trabajo de todos los días, continuo, y que, una vez que llegue, debe seguir cultivándose y fortaleciéndose.

Te dejo algunas de las mejores formas de quererte a ti misma y aumentar tu autoestima. De 'Jen Sincero' autora de "*Eres un chingón*" y otras que descubrí sobre este camino (Las intenté y me funcionaron, espero lo mismo para ti o busca otras opciones que te ayuden a lograrlo, pero ¡hazlo!):

1. **Aprecia lo especial y única que eres:** tú eres la única tú que existe en esta tierra. Tus talentos, historia y vida sólo tú los tienes y los puedes apreciar por todo lo que has superado

2. **Llénate de afirmaciones día y noche:** funciona, si quieres que funcione. Lo que vas a hacer es cambiar/restructurar, poco a poco, tus pensamientos sobre ti en tu cerebro. El cerebro cree y crea lo que le dices. Revisa qué afirmaciones necesitas escuchar hoy para aumentar tu autoestima y repítelas todo el día, en dónde sea. Estas deberán ser breves y máximo 5. Cuando las digas, tienes que sentir y querer que funcionen. Nuestros pensamientos permanecen en nuestro subconsciente por el sentimiento que les damos

3. **Haz cosas que ames:** cuando no haces lo que amas frecuentemente, eso baja tu autoestima porque no estás haciendo lo que te hace feliz

4. **Intercambia pensamientos negativos por positivos:** tú puedes

5. **Deja de hablar mal de ti misma:** Esto solo hace que te sientas peor y que cada vez más lo creas

6. **Acepta tus cumplidos sin justificaciones:** gracias, gracias y gracias. Y no se diga más. Nada de: "es como me maquillé...por eso me veo bonita." ¡No...! *Tú eres bonita siempre*

7. **No te compares con otros:** no pierdas tiempo ni ánimo en querer vivir la vida de alguien más cuando la tuya puede ser todo lo que TÚ quieras vivir. Alégrate por ellos y bendícelos. Tener envidia es pensar que tú no lo puedes tener, pero si tú lo quieres y trabajas por ello, lo puedes lograr también. A eso le llamo inspiración

8. **Perdónate:** la regaste y la vas a volver a regar, porque somos humanos. Lo que importa es el soltar y en la siguiente oportunidad que tengamos, hacer mejor las cosas

9. **Amate:** con esto, tendrás el mundo entero a tus pies. Pero hazlo incondicionalmente y todos los días

10. **Ten metas y sueños, grandes y pequeños:** tener metas y sueños es indispensable para amar tu vida, porque eso le da una intención y motivación a cada uno de tus días. Esto te permite enfocarte en lo bueno y luchar por ello, e ignorar lo no tan bueno

11. **Cumple tu palabra:** si dices que vas a hacer algo, hazlo. Esto le da a tu mente y consciencia más seguridad y confianza y compromiso contigo misma. Te sientes plena y realizada cuando cumples lo que dices

12. **¿Tienes una foto donde te sientes fuerte y confiada?** Colócala en un lugar donde la puedas ver todos los días para sentirte así o inspirarte a sentir así.

No lo olvides...tú puedes:
puedes empezar tarde,
puedes empezar de nuevo,
puedes estar insegura,
actuar diferente,
intentar y fallar...
¡Antes de que lo logres!

# INTÉNTALO... ¡TÚ PUEDES!

- ¿Qué afirmación necesitas leer hoy en la mañana y en la noche para amarte más? ¿Cuál es ese plan que te gustaría implementar para quererte más? ¿Qué piensas sobre ti?, ¿por qué?, ¿qué es verdad?, ¿qué es mentira? Hoy ponte una meta pequeña y cúmplela.

## Afirmaciones positivas para fortalecer tu amor propio y autoestima

Para leerlas todos los días…

- Me amo incondicionalmente y me acepto tal y como soy
- Yo me amo
- Yo me cuido
- Yo soy segura de mí misma
- Yo soy valiente y valiosa
- Yo soy hermosa, por dentro y por fuera, tal cual soy
- Yo soy decidida, fuerte y resiliente
- Yo soy salud y calma
- Yo soy capaz de lograr todo lo que me propongo
- Yo soy digna de ser amada y merecedora
- Yo soy inteligente
- Yo soy segura de mí misma
- Siempre confío en mí y en mis capacidades para lograr todo lo que me propongo
- Soy amable, paciente y tolerante
- Tengo todo lo que quiero para disfrutar aquí y ahora
- Soy una persona plena y me respeto
- Me deshago de mis miedos y me permito creer en mí misma

- Soy una persona especial y única y no necesito compararme con nadie más
- Yo decido atraer todo lo bueno a mi vida
- Soy merecedora del amor en todas sus formas y expresiones
- Mi paz es mi responsabilidad
- Soy amable y paciente conmigo
- Supero y cambio las creencias negativas que tengo sobre mí
- Cuidarme es mi responsabilidad.

*Lo mejor para el autocuidado es el TE:*

*Quiére-TE, perdóna-TE, áma-TE, sonríe-TE, regála-TE, consiénte-TE, edúca-TE, cuída-TE, supéra-TE, valóra-TE*

*- Crédito al autor*

## S3

# ENAMÓRATE DE CUIDAR DE TI

## ¿Hoy qué hago para amarme y cuidarme un poquito más?

¿Hoy, qué hago para amarme y cuidarme un poquito más?

Cuida de ti misma todos los días y todo cambiará. ¿Has notado que cuándo haces algo por ti te sientes mejor… Más bonita y feliz? Cuando te vas a arreglar el cabello, cuando haces ejercicio, cuando te tomas tu café, etc. ¿Qué te gustaría hacer todos los días para sentirte más feliz?

Mamá, sé que no paramos en todo el día. Conozco la carga física, emocional y mental que conlleva un día normal: recordar citas, planear las comidas, las tareas de los hijos, las labores del hogar, el trabajo, etc. Estamos constantemente pensando, actuando y, sobre todo, amando. Damos el máximo de nuestra energía siempre que podemos, porque queremos ver a nuestra familia feliz. Pero a veces te miras en el espejo y te preguntas quién es esa persona que está al otro lado. Y muchas veces, te sientes culpable. ¿Culpable de qué? Culpable de no ser tu mejor versión para ellos cuando en realidad deberías sentirte mal por no cuidar mejor de ti. Aquí es donde entra el amor por ti y tu autocuidado.

Cuidarte para poder cuidar a otros. Cuando practicamos el autocuidado como madres, nuestros hijos aprenden también a cuidar de ellos mismos.

Al inicio de cada día, pregúntate: "¿Hoy qué voy a hacer por mí, para darme más amor y cuidarme?".

Hay cosas que parecen tan simples, pero tienen un impacto tan grande en cómo nos sentimos y cómo empieza nuestro día. Recuerda, empieza con una cosa a la vez, para poder hacerlo parte de tu vida diaria.

# INTÉNTALO... ¡TÚ PUEDES!

- ♥ Haz algo nuevo que te rete (Cada día peinarte diferente, vestirte diferente, cocinar y hornear cosas nuevas, hacer cosas con tu mano izquierda, un día sin redes sociales, *Kick boxing*, pintura, *Tai chi,* etc.)
- ♥ Lee un libro que te de emoción y te empodere como: «*"El tiempo entre costuras"* de 'María Dueñas'; *"La bailarina de Auschwitz",* de 'Edith Eger'; *"La biblioteca de la medianoche"* de 'Matt Haig' etc.)
- ♥ Escucha tus canciones favoritas, (crea una lista de canciones que te hagan sentir feliz)
- ♥ Medita, (encuentra una meditación en *spotify/youtube* que te de tranquilidad, empieza con 5 minutos diarios a la hora que mejor se te acomode)
- ♥ Escribe un diario de gratitud, (empieza por agradecer 3 cosas diariamente)
- ♥ Haz ejercicio al aire libre, (con 15-20 minutos te sentirás mejor)
- ♥ Toma un baño de sol, (5 minutos son suficientes)
- ♥ Come más frutas y verduras
- ♥ Ten tu día de *SPA* y relajación, (reserva un día: tú lo puedes hacer en casa o pedir a domicilio)
- ♥ Ve tu serie favorita, (sin tanto drama y sin violencia, porque eso se queda contigo)

- ♥ Establece una rutina de baño relajante, (poner música, usar un exfoliante que huela rico)
- ♥ Escucha un podcast que te empodere
- ♥ Sé sociable, (ve y disfruta un poco de tiempo con gente que te haga feliz)
- ♥ Hidrata siempre tu cuerpo a todas horas. Te lo agradecerá.

Sé que muchas veces no tenemos el valioso amigo llamado "tiempo" porque no tenemos ayuda o porque simplemente tenemos una agenda muy ocupada. Recomendaciones para lograr tener tiempo para ti:

1. Busca siempre el SÍ ¿Cómo le puedo hacer para que suceda? Antes de darte por vencida, explora las miles de posibilidades para lograrlo.
   a. ¿Cómo lo puedo lograr? ¿Dónde y a qué hora lo haré? ¿De qué forma puedo hacer esto estando con mis hijos?
2. Crea acuerdos con tu pareja. Negocia. "Si no hablas, Dios no te escucha"
3. Sé tu prioridad
4. Cree en ti, lo vas a lograr
5. Siempre inténtalo, todo es posible.

# A menudo lo que más necesitas es pararte frente al espejo y decirte: soy una mujer increíble, poderosa, inteligente, hermosa y capaz

"

*-Créditos al autor*

*"El amor propio es
la base de una relación sana
y completa con la vida,
y con el mundo"*

*-EVA RAMÍREZ*

## S4

# RECUERDA QUE SIEMPRE ERES MAMÁ, PERO NO SÓLO ERES MAMÁ

## Sé tu prioridad y pon límites

Cree en ti, ponle valor a tu persona, así serás tú la prioridad. Si tú te das prioridad, el mundo que te rodea te la dará. Muchas veces como mamás decimos: "es que nunca tengo tiempo" y más bien es: "no, es que no me pongo como prioridad". Si tu felicidad depende de las acciones de otros, estás a la merced de cosas que no puedes controlar y a la merced de otros.

Evalúa a dónde va tu tiempo: ¿Qué haces en un día? ¿Cuánto tiempo desaprovechas en redes sociales en lugar de hacer cosas que te pueden ayudar a tener más tiempo para ti? ¿Qué tareas de la casa las podrías compartir con tu esposo/hijos para tener más tiempo para ti? ¿Cómo podrías organizar mejor tu semana para que tengas más tiempo para ti? ¿Por qué nunca tienes tiempo?

**NUNCA TE SIENTAS CULPABLE DE PEDIR/TOMAR TIEMPO PARA TI, PARA DESCANSAR, PARA SENTIRTE FELIZ. ES TU DERECHO, TE LO MERECES Y NADIE TIENE DERECHO A HACERTE SENTIR MAL POR ESO. MARCA TUS LÍMITES.**

La importancia de los límites:

- ♡ Los límites son la clave de relaciones sanas: cuando tú tienes claro qué quieres y estás dispuesta a que pase en una relación y es respetado por el otro, te das cuenta de cómo pueden mejorar las cosas

- ♡ Los límites te acercan a la felicidad. Te hace feliz hacer lo que realmente quieres y estás dispuesto hacer y no hacer cosas por complacer a otros. Los límites le dan coherencia a tu vida. ¿Alguna vez has hecho algo que en realidad no querías hacer y lo hiciste por complacer a otros? Creo que los enojos más grandes que he tenido conmigo misma han venido de estás vivencias, cuando he dicho sí, cuando quería decir No

- ♡ Los límites te liberan, te liberan en tiempo porque no estás comprometida, te liberan en responsabilidades porque sabes hasta donde haces tú y sabes en qué parte debe tomar responsabilidad la otra persona.

Otros *tips* para ser tu prioridad:

- ♥ Aprende a decir no
- ♥ Pasa tiempo sola
- ♥ Pon límites con las personas que lo necesites: esposo, jefe, papás, hijos, etc.
- ♥ Reduce tu lista de cosas por hacer, solo a las más importantes
- ♥ Enfócate en al menos 1 meta a la semana dedicada para ti: "esta semana quiero hacer mínimo 15 minutos de ejercicio"
- ♥ Crea una rutina que te defina como prioridad. "Los jueves son mi día y ordenaremos la comida, porque no voy a cocinar".

# INTÉNTALO... ¡TÚ PUEDES!

Responde lo siguiente:

1. Escribe una lista de todas las actividades que haces en un día con horario
2. Marca las tareas que las podrías hacer cualquier día de la semana
3. Marca las tareas que alguien más podría hacer por ti (esposo, hijos, mamá, personal de apoyo, etc.)
4. En base a esto, diseña una rutina diaria que te ayude a tener más tiempo para ti.

**"**

Lo que te hace feliz o infeliz
no es lo que tienes o lo que
eres o dónde estás o lo que
estás haciendo.
Es lo que piensas

**"**

*-Dale Carnegie*

*"Los pensamientos provocan*
*sentimientos*
*y los sentimientos provocan acciones"*

*-Créditos al autor*

## S5

# TÚ CONTROLAS TUS PENSAMIENTOS, Y NO AL REVÉS

## Cuida el jardín de tu mente. El pensamiento que riegas, crece

Aprende a hablar contigo misma: es clave que te escuches y te trates como lo harías con alguien que amas muchísimo.

Tu relación más importante es contigo misma. El amor propio es el ingrediente que puede cambiarlo todo. ¡Háblate bonito! Te estás escuchando todo el día. El poder de tus palabras puede cambiar tu realidad. Tu mente cree todo lo que le dices, así que háblate con amor y sé paciente contigo misma. Disfruta cada momento y deja de exigirte tanto. Que siempre sepas que puedes contar contigo misma si lo necesitas.

¿Qué te dirías para amarte más? ¿Qué pensamientos cambiarías?

La mejor manera de callar "los pensamientos negativos" de tu mente, es empezando a responderles y cambiarlos por positivos. Por cada pensamiento negativo que tengas, inmediatamente responde con pensamientos positivos y constructivos. Haz de la mente, tu mejor aliada.

71

"No puedo hacer esto", responde "¡Yo puedo hacerlo! Yo tengo la habilidad para ello. Confío en mí"

"Mi esposo nunca me ayuda", responde "Sé que mi esposo también está ocupado, pero debo comunicarle mejor lo que necesito para que realmente me ayude. Debo encontrar la mejor manera para lograrlo y ser felices los dos"

"Estoy cansada", responde "Me estoy exigiendo mucho. Debo pedir ayuda o priorizar mejor mi día para tener más tiempo y energía"

"Mis hijos siempre me interrumpen", responde "A ellos les emociona aprender y estar cerca de mí, y realmente quieren saber lo que estoy haciendo. Veamos cómo puedo incluirlos en mis actividades".

Con lo anterior, las 4 técnicas que me ayudan diariamente con mi carga emocional de ser mamá son:

1. **Disciplinar mi mente:** guiarme y entrenarme a pensar en forma constructiva y amorosa. En cuanto detecto un pensamiento negativo o de autosabotaje lo acepto y lo cambio en mi mente. Siempre me pregunto ¿Este

pensamiento me ayuda?, ¿sí?, ¿no? ¿Cómo sería mejor? Entonces ya no pienso más en ello. Decir NO al autosabotaje

2. **Hablarme positivamente y apreciar lo que hago diariamente:** yo misma motivarme y echarme porras y apreciar lo que hago por mis hijos, en la casa y por mi esposo. Todo lo que hacemos tiene un impacto en otros y en nosotras mismas. Todas las labores son valiosas y son una parte importante de lo que vivimos y hacia dónde vamos. Sin ellas, no estaríamos o tendríamos lo que somos ahora. Valórate y apréciate

3. **El saber y tener presente por qué hago lo que hago:** ¿Cuál es la razón de que haces lo que haces? Ejemplo: Me gusta jugar con mis hijos porque quiero que se sientan amados y felices, y porque sé que les hace bien a su mente y corazón y a mí también. O simplemente porque mi corazón se siente bien al hacerlo

4. **Saber separar las cosas que puedes controlar de las que no:** esto te ayuda a tener claridad en aquellas cosas que sí puedes hacer para influenciar tu bienestar. Tú tienes el poder de cómo responder a lo que te sucede.

# INTÉNTALO… ¡TÚ PUEDES!

♥ ¿Qué pensamientos cambiarás y cómo les responderás ahora?

Escribe los pensamientos negativos que diariamente te atormentan o te hacen sentir mal y escribe cómo le responderás y los conquistarás de forma positiva, constructiva y de aprendizaje. **TÚ PUEDES.** Recuerda, es hacerlo todos los días hasta que se vuelva un hábito y tú te vuelvas mejor.

- 1.
- 2.
- 3.
- 4.
- 5.

♥ ¿Qué harás para hablarte más bonito? Puedes ponerte *post-its* con palabras bonitas en tus espejos, agenda, *laptop*, entre otros.

- 1.
- 2.
- 3.
- 4

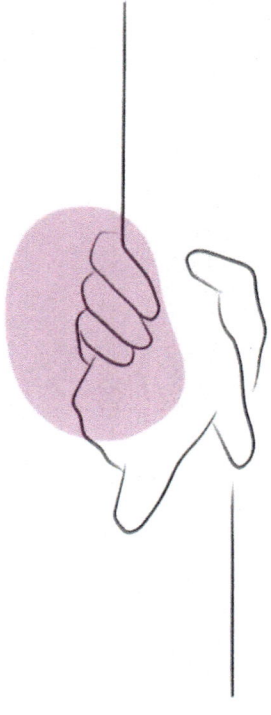

*"Los amigos duplican las
alegrías y dividen
las penas"*

*-EVA RAMÍREZ*

## S6

# RODÉATE DE AMOR, CONEXIÓN, RISAS Y MÁS…

## Construye tu red de apoyo. No estás sola. No te aísles

Crea una red de apoyo que te empodere. ¿Quién(es) son esas personas que les puedes marcar y se te reinicia la vida? Pues precisamente esas que vinieron a tu mente al leer esto. Tener o crear una red de apoyo con personas que te empoderen y te sientas feliz, lo es todo. Si te sientas más sola que nunca, recuerda que tus hijos y esposo siempre estarán para ti. Pero también, puede ser que sea hora de crear nuevas y mejores amistades o cuidar las que ya tienes.

Ser mamá es una aventura llena de retos, frustraciones y emociones encontradas. Por ello, es importante tener a tu tribu de apoyo a lo largo de este camino.

Sé que los diferentes estilos de vida, agendas, las redes sociales y el día a día muchas veces nos aíslan. Pero lo importante es intentarlo y mantener contacto con las personas que más queremos.

## INTÉNTALO… ¡TÚ PUEDES!

¿Qué harás?, ¿llamarle a esa amiga que tienes mucho sin hablar, o salir y conseguir nuevas amigas?
¿Cuál es el plan?, ¿cómo y dónde lo harás?
¿Cómo quieres que sea tu tribu y qué harás para formarla?

| Formas de mantenerte en contacto con tu red de apoyo: | Ideas para encontrar una nueva red de apoyo: |
|---|---|
| *Agenda llamadas con una frecuencia viable para ambos. - "Mis amigas y yo nos marcamos los jueves por la noche" | *Realiza nuevas actividades: voluntariado, yoga, pilates, grupo de la iglesia, grupo de la escuela, clases de cocina, clases de salsa, etc. |
| *Agenda salidas. «Juevecitos de cena con amigas». | *No seas tímida. Inicia la plática con alguna mamá en el parque, vecindario, museo, biblioteca, guardería, colegio, etc. El mundo es de los aventados. |
| *Crea nuevos recuerdos sobre gustos comunes: libros, películas, series, etc. "Vamos a ver juntas esta serie para luego discutirla en el café o por llamada" | *Únete a grupos de mamás en Apps: - Facebook: Te recomiendo el grupo de "Comunidad *Momlife*" en Facebook. Son grupos de mucha empatía y apoyo entre mamás. |
| *Visitar o viajar juntas | |
| *Envía memes - Forma de reír y seguir en contacto. ¡Encuentra la mejor forma que se te acomode! | -PEANUT LATAM: aplicación de fácil uso para conectar con grupos de mamás sobre diferentes temas. |

Maternar sin tribu, sin corresponsabilidad de tu pareja y/o papá de tus hijos, maternar encerrada en casa con tu pequeño... es un atentado a tu salud mental.

Lo es porque no estamos diseñadas, como seres sociales que somos, a criar solas, sin apoyo, sin contención, sin compartir los cuidados de tus pequeños...

Mientras contienes, ¿quién te contiene a ti?

Maternar en compañía, maternar y paternar en igualdad de cuidados... Es una
REVOLUCIÓN

No te olvides de ti

— P. Labatut

**Hasta aquí, ¿Cómo te sientes?, ¿qué cambios has aplicado en tu vida?, ¿cómo está mejorando tu vida?, ¿qué está cambiando?**

♡ 1. Habla. Exprésate. Sácalo de tu pecho

♥ Cambio realizado:

_____

♡ 2. ¿Me quiero o no me quiero?

♥ Cambio realizado:

_____

♡ 3. Enamórate de cuidar de ti

♥ Cambio realizado:

_____

♡ 4. Recuerda que siempre eres mamá, pero no sólo eres mamá.

♥ Cambio realizado:

_____

♡ 5. Tú controlas tus pensamientos, y no al revés.

♥ Cambio realizado:

_____

♡ 6. Rodéate de amor, conexión, risas y más.

♥ Cambio realizado:

_____

## RECORDATORIO:

Te ves y eres:
increíble
suficiente
poderosa
inteligente
fuerte
preciosa
inigualable
espectacular
capaz
valiosa
brillante
exitosa
y lo estás haciendo muy bien.

*"Quita poder a todo lo que te perturbe,*
*si no existe en tu mente,*
*tampoco existirá en tu vida"*

*-DIEGO A.*

## S7

# EL PODER DE PAUSAR

## Pausar es estar y conectar contigo misma

¿Sientes que el día se te pasa rapidísimo? Que siempre estás corriendo y que no tienes ni un segundo para parar o respirar. El rol de la tecnología (miles de notificaciones y contenido infinito) y la cultura de hoy de la productividad e inmediatez cada día más nos alejan de nuestra conciencia y el control sobre nosotras mismas.

A veces, tenemos una lista interminable de cosas que hacer, y queremos estar disponibles 24/7 sin espacios. Y para tomar conciencia, apreciar o reflexionar sobre nosotras mismas o nuestros sueños y metas, o simplemente tener y sentir calma, necesitamos un espacio. Esto viene con un costo y nos afecta en nuestra habilidad para manejar nuestras emociones.

Parar y pausar poderosamente nos pueden ayudar a auto regularnos ante cualquier situación que se nos presente. Una simple pausa, como lo es hacer tres respiraciones profundas, disfrutar la compañía de tus hijos sin distracciones o salir a caminar 10 minutos, nos ayuda a reiniciar nuestra mente y emociones. Con esto, creamos un espacio donde nos recordemos a nosotras mismas que, "aunque mi lista de cosas que hacer sea larga, estoy bien ahora y estaré bien una vez que vaya avanzando. Yo tengo la capacidad para hacerlo". Puede que parezca que no es mucho, pero estos pequeños momentos de conexión contigo, estos descansos mentales o pausas, pueden tener un gran impacto en nuestro bienestar físico y mental diario.

Pausar, nos ayuda a apreciar mejor el momento y a ver claramente qué es lo importante y lo que realmente está sucediendo.

# INTÉNTALO... ¡TÚ PUEDES!

Analiza tu día. ¿Cuándo te gustaría tomar una pausa? ¿Cómo planeas tomar una pausa?, respirar profundamente, salir a caminar o simplemente disfrutar jugar con tus hijos por 20 minutos sin distracciones; programar alarmas para tomar al menos tres pausas de 10 minutos durante el día; cuando me siento más estresada, dejo todo y simplemente me pongo a jugar con mi hijo, o salimos a dar un paseo.

    ¿Qué ideas se te ocurren a ti para pausar durante el día y conectar contigo misma?

**66**

# La vida se reduce o se expande en proporción directa a nuestro coraje

**99**

*-Anais Nin*

*"Ser fuerte es saber pedir ayuda
cuando se necesita. Aprende a pedir,
para que los demás puedan
aprender a dar"*

*-Créditos al autor*

## S8

# APRENDE A PEDIR AYUDA Y DELEGAR SIN CULPA

**¿Y si hoy aceptas esa ayuda que tanto rechazas y, todo mejora para bien?**

Parte de una maternidad feliz es aprender a pedir ayuda, sí o sí. Además, aprende a delegar, sí o sí.

Aprender a pedir ayuda es a veces uno de los retos más difíciles para nosotras, porque nos exigimos demasiado. Pensamos que no debemos pedir ayuda, porque desconfiamos, porque así debe ser o porque debemos aguantar y ser fuertes. Pero ¿y si en realidad pedir ayuda es de fuertes y valientes?, porque reconoces que puedes estar y sentirte mejor con ayuda.

Que no te de miedo pedir ayuda, revisa todas tus opciones. Recuerda "Si nunca lo intentas, la respuesta siempre será no". Confía y empieza un paso a la vez.

# INTÉNTALO... ¡TÚ PUEDES!

- Dale la oportunidad y/o obligación a tu esposo de que cuide a tus hijos. Muchas veces acaparamos todo el cuidado de nuestros hijos porque pensamos que nuestro esposo 'no podrá, porque los niños están más acostumbrados a nosotras, entre otras excusas'. Pero la realidad es que si no pasan tiempo con su papá nunca crearán ese vínculo y confianza suficiente para sentirse cómodos y felices con él, como lo tienen contigo.

  En caso de encontrarte sin familia o amigos cerca de ti, intenta buscar servicios de niñera y haz lo necesario para que te sientas tranquila con ello: entrevistas, dejar un manual con todas las instrucciones y detalles necesarios, poner una cámara de seguridad, etc.
- ¿Otras ideas? ¿Qué harás para recibir ayuda?

## ¿Qué hace que a veces nos sintamos tan cansadas?

Cuando te sientes sin energía quiere decir que necesitas pausar y llenarte de energía. (Así de simple).

Inicia por: comer más saludable, no tomar alcohol, dormir temprano, restringir el uso de celular, haz ejercicio y disfruta el momento presente, relájate y suelta la necesidad de control y juicio que tienes en tu mente.

## Te comparto una lista de lo que nos quita energía y cómo puedes mejorarlo

- No darse espacios para recargar energía durante el día/ Mejor: **hoy haz eso que te hace sonreír y te llena de energía**
- Perfeccionismo/Mejor: **sé flexible y realista, disfruta el presente**
- Quejarse ¿Cuántas veces al día te quejas? / Mejor: **agradece**
- Desorganización/Mejor: **lleva una agenda, planea y anticipa**
- Preocuparse sin motivo / Mejor: **ora, encuentra soluciones, pregunta**
- Comer comida procesada (azúcar-harinas-café) /Mejor: **dieta balanceada**
- Procrastinación / Mejor: **hazlo ya, no dejes pasar más tiempo**
- Centralizar muchas tareas en ti / Mejor: **delega, pide ayuda**
- Acelerar los ritmos de cada proceso/Mejor: **Paciencia y disfruta el hoy**
- Salud descuidada/Mejor: **chequeos semestrales (doctor, ginecólogo, exámenes de sangre, vitaminas, entre otros)**
- Sedentarismo/ Mejor: **baila, camina, corre**
- Decir sí a todo /Mejor: **aprende a decir no. Sé honesta contigo**
- Sentir rencor-rabia-miedo /Mejor: **reflexiona, perdona y perdónate, y libera**

- Demasiado uso de redes sociales/ Mejor: **pon límites y sal a la naturaleza, aprovecha el tiempo en cumplir tus sueños**
- Consumir contenido tóxico/negativo/ Mejor: **consume contenido empoderado**
- No reconocer y poner límites/ Mejor: **pon límites**
- Tomar decisiones que no te dan paz/ Mejor: **ponte como prioridad**
- Rodearte de personas negativas/tóxicas/ Mejor: **ponte como prioridad. Sé honesta contigo**
- No hacer cosas que te hacen feliz / Mejor: **haz cosas que te hagan feliz**
- Hacer muchas tareas a la vez todo el tiempo/ Mejor: **haz una cosa a la vez**
- Pensar demasiado/ Mejor: **cierra los ojos, respira y medita por unos minutos. Relaja tu mente con alguna serie o película.**

La clave para disfrutar los
días pesados es tener
hábitos que te hagan sentir
ligero/apoyado

*-Marguga*

*"Cuando la situación es buena, disfrútala.*
*Cuando la situación es mala,*
*transfórmala.*
*Cuando la situación no puede ser*
*transformada,*
*Transfórmate"*

*- Créditos al autor*

## S9

# LLENA TU CORAZÓN Y TU ESPÍRITU

### Como eres por dentro, eres por fuera

Practica todo aquello que le haga sentir paz a tu corazón y a tu mente. Hay muchas formas de sentir paz y claridad para apreciar mejor nuestra realidad y vivir mejor nuestro presente. Callar nuestra mente es uno de los mayores retos que como mamá tenemos, porque siempre estamos en movimiento y pensando en lo que sigue.

Intenta esto, inicia con 5 minutos al día:

♥ **Ora dónde sea a todas horas:** orar es hablar con Dios desde el corazón y poniendo en sus manos nuestras tribulaciones, alegrías, peticiones, etc. Sentarse en un lugar silencioso, al aire libre y contarle a Dios nuestra aflicción, nos libera de pesares y proporciona paz interior. Cuando no puedes dormir en las noches, alguna vez te has preguntado que quizás sea Dios diciendo: «"Tenemos que hablar y sabes que ahorita tienes tiempo"» Ora... Dios siempre está contigo y te está escuchando.

♥ **Agradece a todas horas:** si tú agradeces, vas a atraer más cosas por las cuales agradecer. Si te quejas, atraerás más cosas por las cuales quejarte. Tú decides. El poder de dar las gracias no sólo tiene que ver con pensamientos felices, sino que nos crea una conciencia sobre lo que tenemos y nos ayuda a desarrollar la bondad y empatía. ¿Te has fijado que cuando estás feliz te pasan más cosas bonitas? Lo bueno atrae lo bueno.

*Gracias por todo lo que me hace feliz

*Gracias por la salud de mi familia

*Gracias por la vida.

♥ **Ríe lo más que puedas:** recuerdo estar cambiándole el pañal a mi bebé, quien estaba vuelto loco y enojado, y de la nada, en lugar de desesperarme, me empecé a reír. ¿Y adivina qué? Él también se empezó a reír, los dos nos relajamos y me permitió que le cambiara el pañal de forma rápida y tranquila. Sólo tú sabes lo que te hace reír: búscalo, ríe mucho y sana tu día.

Recomendaciones para reír:

- Pídele a Alexa/Siri (asistente virtual) que te cuente un chiste todos los días
- Instagram: sigue cuentas de risa [ Jorge Lozano]
- Películas: *El club de las madres rebeldes, Crazy Stupid Love, Legalmente Rubia, Hitch, Guerra de Novias, 21 Jump Street, ¿Qué pasó ayer?*
- Series: *Working moms, Brooklyn 99, Modern Family, Friends, The Good Place*
- Comediantes en YouTube/Netflix: *Franco Escamilla, Gabriel "Fluffy" Iglesias, etc.*

**Canta y hazlo con todo tu corazón:** ¿Sabías que cantar es una forma de terapia? Sí, solo necesitas cantar canciones que te hagan sentir bien y que tengan letras positivas y optimistas. Reduce el estrés y mejora tu ánimo. Te recomiendo la de: "*Que bonito*" de Soraya y la de "*Bonito*" de Jarabe de Palo. ¡¿Qué canción quieres cantar ahora mismo para hacerte sentir feliz?!

**Medita:**

- Siéntate cómodamente
- Respira tan lenta y profundamente como te sea posible

- ♡ Usa tu respiración para soltar toda la tensión y todo lo que te estorbe para sentirte en paz
- ♡ Puedes imaginar que, al inhalar, atraes todas esas cosas positivas a tu vida que quieres y, que al exhalar, expulsas las negativas
- ♡ Ahora, por unos momentos dale permiso a tu mente de pensar todo lo que quieres, deja que fluyan las ideas
- ♡ Luego pide a tu mente que se relaje poco a poco, y cada vez que comience a divagar pídele que se mantenga concentrada en un lugar que te guste mucho (playa, bosque, tu sala, etc.).

# Te recomiendo esta meditación diaria de 5 minutos:

Meditación para comenzar un gran día (5 minutos) - Siempre hay flores | Podcast on Spotify

*Tapping:* el *tapping,* conocido como EFT(*Emotional Freedom Technique*), es una técnica de liberación emocional o psicología energética. Es una sencilla técnica de liberación emocional que nos permite liberar bloqueos del pasado de nuestro subconsciente y resolver problemas relacionados con el estrés, la depresión, la ira, la ansiedad, entre otros. Puedes encontrar ejemplos de esta técnica en *YouTube* o *Instagram* en cuentas como: @thetappingsolution, @sofiaalva_, @barbaragaribay_, entre otros.

## Escucha *podcasts* que ayuden a tu crecimiento personal, que te empoderen o que sean temas de tu interés, como:

- Se regalan dudas
- Despertando
- A todo sí
- Coffuelled
- Más allá del rosa

## Lee/escucha libros de crecimiento personal, que te hagan ser y sentirte mejor como:

- *Eres un chingón*, Jen Sincero
- *Piensa como monje*, Jay Shetty
- *Su mejor vida ahora*, Joel Osteen

Apps recomendadas para escuchar libros: Audible, *Beek*, *Storytel*, etc.

## ♥ Que la música siempre te acompañe:

¿Quién no se pone feliz al escuchar su música favorita? Lo que siempre me pone de buen humor, es escuchar música. Evita escuchar música que tenga connotación de ira, odio o rencor. Todo lo que consumes, se queda contigo y se refleja en tu vida. Intenta tener una canción que te levante de la cama, una que te motive a hacer ejercicio y otra para los malos ratos que quieras convertir en buenos.

Algunas canciones para iniciar con actitud el día:

- ♡ *Buenos días señor sol* - Juan Gabriel
- ♡ *Ain´t no mountain high enough*- Marvin Gaye, Tammi Terrel
- ♡ *Don´t stop me now* – Queen

# INTÉNTALO… ¡TÚ PUEDES!

- ¿Qué intentarás hacer este día, esta semana, este mes para llenar tu corazón y espíritu?

Recuerda, lo importante es iniciar con una cosa a la vez. Y si fallas, vuélvelo a intentar hasta que funcione. Solo si lo intentas, lo sabrás.

Y cuando seamos viejos y me digas:
¿Cómo llegamos juntos hasta aquí?
Yo te responderé:
Porque en lugar de gritar, hablamos.
En lugar de huir, buscamos soluciones.
Porque todo y nada era de los dos, porque
lloramos y reímos juntos.
Porque un día nos prometimos estar en lo
bueno y en lo malo y
sobre todo, porque el amor con el tiempo
aumentó en forma de un
cariño que no muere nunca

-Créditos al autor

*"El conflicto es inevitable,
pero la batalla es opcional"*

*- EVA RAMÍREZ*

## S10

# QUERIDO ESPOSO: ¿CÓMO PODEMOS SER FELICES LOS DOS?

## Las personas suceden, pero los grandes amores se construyen

Amar y cuidar el amor con tu pareja es una decisión de todos los días. Cuando formamos una familia aumentan los retos y las responsabilidades, pero también se multiplica el amor y se hace cada vez más fuerte. ¿Cómo mejorar la relación en pareja? Esto es para que lo apliquen los dos, cuantas veces sea necesario:

1) **Evalúen su relación y rol de pareja por separado:** ¿Cómo puedo estar mejor con mi pareja? ¿Qué está saliendo bien? ¿Qué está fallando? ¿Qué expectativas reales o no, existen entre los dos? ¿Qué esperan el uno del otro? ¿Cuáles son los retos/problemas recurrentes y por qué no se han solucionado? ¿Cómo los solucionarías? Primero reflexiona y escribe qué es lo que sí y no te gusta actualmente de tu relación, el por qué y cómo lo podrían solucionar.

2) **Honestidad a tiempo, todo el tiempo.** DILO. Si algo te molesta, si algo no te gustó, si algo puede mejorar o debería cambiar: DILO, pero DILO a tiempo y de la mejor forma. La mayoría de los sentimientos de frustración, rencor y enojo hacia nuestra pareja son ocasionados por no decir las cosas que nos molestan a tiempo. Di lo que te molesta, cuando te molesta, y no cuando te harte. Así podrás decirlo con tus mejores palabras, y no con tus peores ofensas. Es muy importante decirlo de una forma que te escuche y se abra el diálogo para encontrar soluciones. Siempre inicia por calmarte, decir y agradecer algo bueno sobre él, enseguida lo malo y luego menciona cómo lo pueden solucionar (Técnica del *sandwich*). Siempre trata de terminar tu argumento con soluciones. Ejemplo:

- «Nunca me avisas de nada»

-MEJOR: «Amor, me encanta pasar tiempo contigo. Por eso, me encantaría que me avisarás con tiempo tu agenda. Así podemos planear más tiempo juntos y evitar enojos o malentendidos».

3) **Erradiquen patrones, roles y formas de pensar tóxicos, machistas o patrones no saludables (herencia de padres).** "Es que en mi casa mi mamá hacía todo por todos siempre". "Es que mi

papá nunca cocinó ni nos cuidó". Muchas veces esto viene con nosotros porque así lo vivimos toda la vida y nunca pensamos que estuviera "mal". Lo importante es reflexionar, cuestionar y visibilizar el verdadero valor que queremos crear en nosotros y en nuestra familia. Tu matrimonio y vida, no es el de tus papás. Sé que a veces no ayuda la familia propia y política, pero es nuestra responsabilidad cuidar y defender nuestra salud mental y principios y valores. Somos adultos y estamos dando el ejemplo a futuros niños que formarán una familia más adelante.

4) **¿Haces equipo con tu pareja?** Aprendan a ser un gran equipo y a trabajar en equipo. La unión hace la fuerza. Ser equipo se trata de sacar lo mejor del otro, potenciar sus virtudes y cualidades con el fin de lograr un beneficio en común, que podría ser la estabilidad familiar. En este trabajo no hay celos, competencia, juegos de poder, egoísmo o autoridad; todo lo contrario, debe existir empatía, paciencia, reconocimiento, constancia y el deseo de estar unidos. ¿Cómo trabajar en equipo? Tengan metas en conjunto. El trabajo en equipo es amor, complicidad, bienestar y felicidad en pareja.

5) **Pasen tiempo juntos (SIN HIJOS)** Sí o sí, mínimo un día a la semana deben pasar tiempo solos y juntos. Si es posible, siempre agenden el mismo día, hora y lugar.

a) Martes de películas en la noche- Tomen turnos en escoger una película o serie que les haga felices

b) Viernes de comer/cenar juntos – Tomen turnos en escoger un restaurante

c) Domingos de citas espontáneas – Tomen turnos en planearlas.

6) **Muestras de amor.** Intenten mostrarse amor todos los días en las diferentes formas que les guste más a cada uno. El amor nace por pequeños detalles y muere por falta de ellos.

   a) Según Champan (2009) existen 5 lenguajes del amor:

      i) Palabras de afirmación: te amo, estoy orgullosa de ti, estás hermosa/guapísimo, eres una gran mujer/hombre

      ii) Tiempo de calidad: salir a cenar a un lugar nuevo, ver una película juntos, preparar una comida especial, salir a bailar, etc.

      iii) Regalos: traerle su comida/postre favorito, algo hecho a mano por ti, regalarle tu completa atención, *post-its* sorpresa con palabras de amor, una carta, entre otros

      iv) Actos de servicio: ¿Te puedo ayudar en algo?, te preparé el desayuno, te llevo a donde necesites ir, lavar los platos, etc.

      v) Contacto físico: un abrazo sorpresa, tomar de la mano a la pareja, un beso inesperado, caricias, despertar con un beso, etc..

Intenta una cuenta bancaria emocional: cuando eres amable con tu esposo, depositas en su cuenta emocional. Cuanto más ingreses, más rica será la relación (Aplica para los dos, no sólo tú). Cuidado en intentar sacar más de lo que das, porque eso lleva la relación a una quiebra.

7) **Reglas para tener discusiones sanas.** Establezcan juntos las reglas para cuando discutan y así evitar enojos. Siempre hay que recordar que el problema es de dos y juntos todo lo pueden. (Pégalas en el refrigerador o en su cuarto, donde sean más visibles) Ejemplo:

   a) Buscar el momento adecuado

   b) Usar un tono de voz de calma

   c) No señalar culpables, sino proponer soluciones

   d) Permitir que la persona termine de hablar

   e) No gritar, ni insultar ni desprestigiar al otro

   f) No utilizar un tono acusador

   g) No traer a la discusión temas del pasado

   h) Pedir perdón

   i) Terminar la discusión con una solución, un abrazo y un beso

   j) Importante: siempre que discutan enfrente de los niños, también siempre reconcíliense enfrente de ellos

   k) Una vez que se pierde el respeto, se pierde todo. Siempre marca tus límites de cómo quieres que alguien te hable.

113

**8) Establezcan acuerdos para todo.**

    a) Definan acuerdos sobre trabajo y responsabilidades del hogar, forma de crianza, educación de los hijos, dinero y finanzas, futuros eventos importantes, vacaciones, etc. OJO: que todo sea en pro de igualdad y con las mejores condiciones

    b) Pongan límites respecto a la familia del otro

    c) Respeten su tiempo y espacio individual.

**9) Comunicación constante: Siempre abre el diálogo.**

La calidad de un ahogar depende de la calidad de su comunicación. Cuanto más estrecha se vuelve la relación familiar, más cuidadosa y respetuosa debe ser la comunicación.

    a) Siempre que puedas pregúntale a tu pareja lo siguiente: ¿Cómo te sientes? ¿Cómo estás? ¿Qué compromisos tenemos esta semana o fin de semana? ¿Cómo podemos apoyarnos mejor?

    b) Hablen del futuro, de sus metas, de sexo (¿Qué te gusta, ¿qué no te gusta o qué te gustaría intentar?

**10) Aprendan a perdonar, reconocer errores, dejar el orgullo y el ego a un lado: el orgullo mata y**

**mata todo a su alrededor.** ¿Quieres perder más o ganar más? Aprende a escoger tus batallas. "Para pelear se ocupan dos y yo no voy a pelear contigo".

11) **Negocia con tu esposo. Dicen que en la vida sólo obtienes lo que aprendes a negociar. Cada esposo es único. Por eso aquí te dejo estas técnicas para negociar.**

- Técnica: ganar-ganar: ¿Cómo podemos ganar los dos?
- Técnica oferta progresiva: Entrega tu propuesta de solución parte por parte, llevarás un camino recorrido en la negociación. Hazle ver los beneficios antes de presentar la solución final.

12) **Terapia o separación.** Si de plano nada de lo anterior funciona, intenten ir a terapia… y a veces lo mejor es una separación. Un día escuché que siempre que dudemos de algo en nuestra relación, pensemos si eso que estamos viviendo nos gustaría que lo vivieran nuestros hijos. En caso de violencia, existen muchas organizaciones que te pueden apoyar con apoyo legal y psicológico como el DIF en todo México y la organización Alternativas Pacíficas A.C. en Monterrey, N.L.

- Cuentas de Instagram recomendadas para consejos de felicidad en pareja:

115

@amorpinguino,        @ideasdeunapelirroja,
@psicóloga.ednalozano, etc.

- Libros: *Cómo no odiar a tu esposo después de tener hijos*, 'Jancee Dunn'; *Hambre de hombre*, 'Anamar Orihuela'; *Los 5 Lenguajes del Amor*, 'Gary Chapman'; *Siete Reglas de Oro para Vivir en Pareja*, 'Jhon M. Gottman y Nan Silver'; *Los Límites del Amor*, 'Walter Riso'; *El Buen Amor en la Pareja*, 'Johan Garriaga'; *Lo que me hubiera gustado saber... ¡antes de casarme!*, 'Gary Chapman'.

*Nadie te lo dice, pero las relaciones largas y sanas, no son solo amor. Es una construcción diaria de cuidado, de pláticas incómodas, de detalles hacia la otra persona, de apoyo incondicional, de desacuerdos, de crecimiento.*

# NTÉNTALO… ¡TÚ PUEDES!

- ¿Qué intentarás hacer este día, esta semana, este mes para ser más feliz con tu esposo? ¿Cuándo, dónde y cómo lo harás?

Recuerda, lo importante es iniciar con una cosa a la vez. Y si fallas, vuélvelo a intentar hasta que funcione. Solo si lo intentas, lo sabrás. Lo único que puede suceder es que todo mejore.

## Te comparto uno de mis poemas favoritos

NUESTRO AMOR

Y ahí vamos tú y yo, entre días buenos
y malos; aprendiendo de nuestros
errores, porque de perfectos, nada, pero
de valientes, todo. Y ahí vamos,
amándonos a pesar de nuestras
tormentas y convencidos de una vida
juntos, porque sí,
tú y yo somos el uno para el otro y la
casualidad más bonita

J. Wailen

**❝**
# Lo más irónico de la maternidad es pasarte todo el día cuidando a tus hijos y, a veces, olvidar disfrutarlos
**❞**

*-Créditos al autor*

*"El mejor medio para hacer buenos a los niños es hacerlos felices"*

\- *OSCAR WILDE*

## S11

# TU HIJO: TU ESPEJO Y TU MEJOR MAESTRO DE VIDA

**En el más feliz de nuestros recuerdos de la infancia, nuestros padres eran felices también
-ROBERT BRAULT**

No existe niño difícil, lo difícil es ser un niño en un mundo de gente cansada, ocupada, herida, sin paciencia y con prisa. Tú eres el espejo en el que tu hijo se mira.

Y mientras tú llevas un mundo en la cabeza, para tu bebé, tú eres el mundo. Llegará un día que tendremos silencio en la casa. Cuando me siento sobrepasada como mamá, me recuerdo a mí misma que tal vez lo único que mi hijo necesita en ese momento es conexión conmigo, quiere cariño, atención y amor. ¿Y adivina qué? Todo mejora. Recuerdo también que me han dicho: «"¡Qué suerte, tú niño se porta muy bien!" y les respondo: "gracias, pero no es suerte, es educación y esfuerzo"» Lo he logrado a través de mucho trabajo personal y tiempo con él. ¿Quién no va a ser feliz si siempre come, descansa, está limpio y recibe mucho amor de sus padres?

Nuestros hijos son nuestros maestros, son nuestros espejos de aquellas dificultades y heridas que a veces tenemos. ¿Cómo vamos a pedir a nuestros hijos paciencia si nosotros no sabemos tenerla?, ¿cómo vamos a pedir a nuestros hijos que digan las cosas con cariño si nosotros no sabemos tratarnos con cariño? Educarnos y curarnos a nosotros mismos es el primer paso para despertar la fuerza y el coraje que inspire a nuestros niños a ser mejores. Nuestros hijos están aquí para enseñarnos. A veces, tanto (o más) que nosotros a ellos. Su mirada de admiración incondicional logra que queramos ser la mejor versión de nosotras mismas. Pero también, pueden llegar a sacar lo peor. Hay días que vemos en ellos todos los defectos de nuestro esposo, pero también los nuestros.

Siempre que estés en una situación de enojo, frustración o estrés con tus hijos, pregúntate: ¿Qué me quieren enseñar?, ¿qué necesito aprender?, ¿cómo puedo reaccionar mejor para que juntos seamos y nos sintamos mejor? Recuerda que la conducta comunica, tal vez a tu hijo le falta sentirse conectado y visible, le faltan herramientas para saber cómo resolver esa situación o hay algo interno o externo (hambre, sueño, pañal) que le esté molestando. Tal vez la tarea más difícil de ser padres no es la de controlar el comportamiento de los hijos, sino controlar el propio. Tal vez tu hijo no haga lo que dices; pero es más probable que haga lo que ve que haces.

Y es que así es, como mamás vamos creciendo junto a nuestros hijos, vamos cambiando, madurando, todo con ellos. Eso es lo bonito de la maternidad, te vas dando cuenta de lo capaz y fuerte que eres… y vas creciendo al mismo tiempo que tus hijos, y es maravilloso ver y sentir como cada día van superándose más y más, y tú también te superas.

Nada es para siempre, cuando tengo un día difícil con mi bebé, imagino que vengo del futuro a pasar un día más con él. Esto me ayuda a retomar la perspectiva y apreciar incluso los momentos retadores.

## *Tips* para ser más feliz con tus hijos

1. **Trabajo en equipo:** que papá y mamá siempre estén de acuerdo en normas y límites, así como en el tipo de crianza. De esta forma, será más fácil la convivencia en familia y no habrá "Yo soy el bueno" y "Yo soy la mala"

2. **Conecta:** ríe con tus hijos lo más que puedas durante el día. "Ataque de cosquillas, guerra de almohadas" Habla con ellos sobre sus sentimientos, emociones y sueños. Abrázalos, dales un beso siempre que puedas y diles lo orgullosa que estás de ellos. Las mejores formas de conectar con alguien son a través de la risa y de una sonrisa

3. **Dedícales tiempo de calidad:** evita el celular cuando estás con ellos, escúchalos, ámalos, velos a los ojos; ve a sus partidos; obras de teatro; por la noche antes de dormir, lean juntos un libro, etc. La comida es un gran momento para esto, así como la hora de dormir. Crea tradiciones: viernes de películas, sábados de ir al parque en familia, etc.

También, encuentra actividades en común que los dos puedan disfrutar

4. **Serás una mamá más feliz si acuestas temprano a tus hijos:** los niños se sienten seguros, descansados y tranquilos con las rutinas porque es algo predecible y seguro. Así, tienes más tiempo para descansar y para ti

5. **Aliméntalos lo más sanamente posible:** menos azúcar y menos comida procesada igual a menos mal humor y berrinches

6. **Inclúyelos lo más que puedas en las actividades de la casa:** esto les enseñará responsabilidad, pero, sobre todo, los hará sentirse parte de un equipo contigo y tu esposo.

7. **Establece normas y límites**

8. **Afianza los valores y aprende a pedirles perdón cuando tú también te equivoques:** así ellos aprenderán a pedir perdón

9. **Dales mucho amor:** este es el punto más importante, sentirnos amados y sentirnos importantes para nuestros padres nos hace sentirnos grandes y felices. No guardes besos, abrazos y halagos, mucho menos un te amo. ¿Quieres tener un hijo con mucha confianza y seguridad en sí mismo? Ámalo mucho

10. **Crea una rutina para los momentos en que no puedas más con ellos:** ensaya en tu mente cómo te gustaría reaccionar cuando tu hijo esté sobre cansado y de mal humor. Recuerda, toda

mejora o empeora a partir de cómo reaccionamos.

## <u>Recuerda, el mejor regalo que le puedes dar a tus hijos es tu amor, tiempo y atención</u>.

**Cuando tu hijo te abraza de repente o busque contacto físico contigo, te está haciendo un cumplido. Se está "reabasteciendo" emocionalmente contigo porque te considera su lugar seguro. Ese pequeño contacto le ayuda a equilibrarse y regularse, así que no dudes en darle un abrazo de vuelta y decirle lo mucho que lo amas.**

**Mejores libros sobre crianza que he leído/escuchado**
- *Bésame mucho* - Dr. Carlos González
- *Tu hijo, tu espejo* - Psicóloga Martha Alicia Chávez
- *Los Niños Índigo*: *Han llegado los niños nuevos* -Lee Carroll; Jan Tober
- *La maternidad y el encuentro con la propia sombra* - Laura Gutman
- *El libro que ojalá tus padres hubieran leído* - Philippa Perry
- *Disciplina sin lágrimas* - Daniel j. Siegel; Tina Payne Bryson

- 💜 *Cómo hablar para que los niños escuchen y cómo escuchar para que los niños hablen* - Adele Faber-Laine Mazlish
- 💜 *El Cerebro del Niño* - Daniel J. Siegel; Tina Payne Bryson
- 💜 *Los 5 lenguajes del amor de los niños* - Gary Chapman;Ross Campbell
- 💜 *Transforma las heridas de tu infancia* - Anamar Orihuela
- 💜 *No hay niño malo* - María Teresa García Hubard.

Cuentas de expertos en crianza en Instagram que te recomiendo sigas: @educarenconexion_, @psicoeducarmx, @enlamentedelniño, entre otros.

# INTÉNTALO... ¡TÚ PUEDES!

¿Qué intentarás hacer diferente con tus hijos este día, esta semana, este mes? ¿Cuándo, cómo y dónde lo harás?

- Todos los días, al despertar y al ir a dormir, comparte muchas cosquillas con tus hijos y ríe con ellos. Si lo haces en la mañana al despertar y en la noche al dormir, verás una gran diferencia en su humor y actitud diaria. Recuerda, no hay mejor regalo que la compañía de sus papás y el tiempo con ellos. También, entre más juegues con ellos y les dediques tiempo, notarás una mejoría en su autoestima y en su desarrollo físico, intelectual, emocional y conductual. No lo digo yo, lo dicen los expertos.

*Detrás de cada niño que cree en sí mismo,
está una mamá que creyó en él primero*
**- Matthew Jacobson**

♥ Tus niños no tienen la culpa del mal día que tuviste

♥ Tus niños no tienen la culpa de los problemas con tu pareja

♥ Tus niños no tienen la culpa de tus frustraciones ni los malos ratos en tu trabajo

♥ Tus niños no tienen la culpa de tu impaciencia y mal humor

♥ No tienen la culpa de tu día a día a prisas, de tus gritos y tu falta de calma

♥ Tus hijos no tienen la culpa de las heridas de tu infancia, de tus penas, de tus miedos. De tu corazón roto

♥ Ellos llegaron para sanar, para enseñarte a amar de una manera que no imaginaste jamás

♥ Tus niños te necesitan, pero entera y con fuerzas, con energía para jugar, con dedicación, para que los escuches mirándolo a los ojos

♥ Te necesitan firme en tus decisiones

♥ Necesitan tu calma para que tú le calmes en esos momentos de rabietas o cuando la están pasando mal

♥ Necesitan tu amor, pero también que les pongas límites.

- Si tienes un mal día, ellos sabrán hacerte reír
- Si tienes un mal día, ellos sabrán decirte: «Vamos mamá, mira mi dibujo, lo hice para ti»
- Tus niños llegaron para darle un significado a tu vida que tal vez antes no tenía
- Para enseñarte a ser fuerte y resiliente
- Para enseñarte a luchar y salir adelante todos los días
- Tus niños te aman con todo y tus defectos y siempre te sacarán una sonrisa
- Tus niños son tu fuerza y aliciente para salir adelante
- Basta con ver esa carita dulce y suave tratando de preguntarse: ¿por qué me riñes hoy?, ¿por qué andas apurada?, ¿por qué no te ríes?, ¿por qué no dejas tu celular?
- Es nuestra obligación como padres darles una infancia linda, mágica, contenida en besos, abrazos y presencia
- Nos equivocamos, es cierto
- Tropezamos y nos caemos, pero debemos saber limpiarnos las heridas y pedir perdón
- Aprender a ser padres cada día no es fácil
- Debemos luchar contra nuestro cansancio, penas, temores, situaciones no resueltas
- Para hacer feliz a tu hijo no necesitas darle todo lo que pide, tampoco llevarlo de compras, ni gastar todo tu sueldo en su fiesta de cumpleaños
- Tus hijos te siguen extrañando, aun cuando les des cosas para sustituir tu presencia

♥ Él necesita que aprendas a ESTAR PRESENTE.

-Créditos al autor

**66**

# Ama tanto a tu hijo que cuando alguien lo trate mal, se dé cuenta enseguida

**99**

*-Créditos al autor*

**Hasta aquí, ¿Cómo te sientes? ¿Qué cambios has aplicado en tu vida? ¿Cómo está mejorando tu vida? ¿Qué está cambiando?**

7. El poder de pausar.

♥ Cambio realizado:

_____

8. Aprende a pedir ayuda y delegar sin culpa.

♥ Cambio realizado:

_____

9. Llena tu corazón y tu espíritu.

♥ Cambio realizado:

_____

10. Querido esposo: ¿Cómo podemos ser felices los dos?

Cambio realizado:

_____

11. Tu hijo: tu espejo y tu mejor maestro de vida.

Cambio realizado:

_____

*"Hay que saber elegir con 'quién'*
*o con 'qué' complicarse la vida"*

*–EVA RAMÍREZ*

## S12

# DESINTOXÍCATE

## Desconecta para reconectar

¿Qué está pasando a tu alrededor cuando te sientes triste, frustrada o abrumada?, ¿viste demasiadas redes sociales "perfectas", ¿tu amiga siempre habla solo de sus problemas?, ¿viste muchas noticias/programas/películas/series de violencia?

INTENTA esto y te sentirás mejor:
- ♥ Diariamente trata de relajar tu mente a través de la música, el baile, una película o una serie relajante/chistosa, ejercicio, meditación, entre otros. Tu mente necesita descansar y relajarse de estar pensando todo el día y liberarse del estrés. Inténtalo. (Las redes sociales no cuentan como buena distracción, al contrario, estresan a tu mente)
- ♥ Escoge leer, ver y escuchar contenido que te nutra, que te empodere, que te haga sentir mejor de forma consciente y saludable. Todo lo que leemos, vemos y escuchamos tiene el poder de definir cómo nos sentimos. Para bien o para mal y esto hay que usarlo a nuestro favor. Sobre todo, si estás sensible, con miedo

o ansiedad, escoge ver cosas que tengan el efecto contrario en ti

- ¡Amiga date cuenta!: Cada mes o quincena limpia tus redes sociales/AMISTADES DE LA VIDA REAL. Elimina contactos/perfiles que sólo publican cosas negativas, deja de seguir cuentas que te causan estrés, envidia o frustración, en lugar de motivarte

- Limpia tu casa: Haz una limpieza profunda de todos aquellos objetos/ropa que te causan pesadez de solo tocarlos o que no te inspiran. Ejemplo: cosas viejas, papeles sin importancia, ropa que ya no usas. Puedes también hacer limpia de tu bandeja de correos electrónicos

- Haz todo aquello que tengas pendiente: El tener muchas cosas pendientes nos causa un estrés constante, por lo que se valiente y haz una cosa a la vez

- Pon un límite de tiempo al uso de tus aplicaciones de redes sociales en tu celular: De esta forma, aprovecharás mejor el tiempo y tu mente se sentirá más feliz. Empieza con metas realistas, porque si luego te vas a los extremos, lo más probable es que falles

- Antes de dormir, aleja tu celular de tu cama para que en la mañana no sea lo primero que revises

- Aprovecha tus ratos de desconexión estando al aire libre. Estar en contacto con la luz natural del día le hace bien a tu mente y cuerpo
- Identifica tus hábitos tóxicos.

## INTERCAMBIA HÁBITOS TÓXICOS:

- En lugar de ver el celular por la mañana,
  - Dale un beso a tu esposo
  - Agradece 3 cosas
  - Toma un vaso de agua
  - Haz 5 sentadillas
- En lugar de ver tanto el celular,
  - Inicia ese proyecto que sueñas
  - Lee un libro
  - Juega con tus hijos.

## La importancia de desintoxicar nuestra mente

Los investigadores han encontrado que el alto uso de las redes sociales se asocia a un aumento de depresión, y cada aumento de una hora en el tiempo promedio diario en redes (sobre todo Instagram) se asoció con un aumento en la gravedad de los síntomas de depresión. Tú decides cómo quieres sentirte.

También, la nueva adicción de la que nadie habla es la de "consumo excesivo". Esta consiste en estar viendo todo el tiempo y sin sentido las redes sociales o televisión. Se describe por ser una actividad mecánica sin propósito que nos da "placer temporal". ¿Y sabes qué le está haciendo a tu cerebro? Lo que está haciendo es dañar tus receptores de dopamina al estar bombardeando tu mente y sistema nervioso con demasiadas cosas al mismo tiempo. Cuida tu mente y cuida a tu familia.

El peligro de la adicción a las pantallas no es sólo lo que se hace frente a ellas, sino, sobre todo, lo que se deja de hacer. La permanente conexión a la tecnología causa una desconexión del mundo y nos desvincula de la vida silenciosamente bajo capa de inocente entretenimiento.

¿Qué pasaría si todo el tiempo que pasas en redes sociales lo pasarás mejor con tus hijos o, haciendo cosas para cumplir tus metas y sueños? ¿Cómo cambiaría tu vida?

# INTÉNTALO... ¡TÚ PUEDES!

- ¿Qué intentarás hacer diferente este día, esta semana, este mes?
- Te propongo que los domingos sean días libres de redes sociales en tu familia ¿Lo intentas? ¿Qué pasaría si hicieras esto?

Recuerda, lo importante es iniciar con una cosa a la vez. Y si fallas, vuélvelo a intentar hasta que funcione. Solo si lo intentas, lo sabrás. Lo único que puede suceder es que todo mejore.

# *CHECKLIST* PARA UN DÍA BONITO

- Mentaliza que será un día bonito y de oportunidades, a pesar de lo que suceda. Porque actuarás con amor, optimismo y resiliencia. No porque pase algo malo, quiere decir que el día se arruinó
- Sonríe
- Toma un vaso de agua al despertar
- Haz un ejercicio de respiración
- Abre tus ventanas y deja que la luz entre
- Estira el cuerpo y baila
- Prepárate un desayuno rico
- Habla con un amig@ o alguien que quieres
- Ríe mucho
- Sal a caminar a la naturaleza
- Lee un libro
- Escucha música
- Haz ejercicio
- Practica la gratitud
- Escribe en tu diario
- Abraza a tus seres queridos
- Canta
- Poco uso de redes sociales (No + 1 hora).

*Al ponerle fecha a un SUEÑO*
*se convierte en META,*
*una meta dividida en PASOS*
*se convierte en PLAN.*
*Y un plan apoyado por ACCIONES*
*se convierte en REALIDAD*

# S13

# TUS MEJORES AMIGAS SON LA PLANEACIÓN Y LA RUTINA CON PROPÓSITO

## Planificar es la diferencia entre "mi vida será así" y "así es la vida"

¿Las dos? Sí, las dos. ¿Has notado que cuando planeas y anticipas cosas, te sientes más relajada y feliz? ¿Por qué? Porque te da sentido de dirección, te facilita el control y reduce la incertidumbre. Es decir, menos decisiones = menos estrés y menos sobre pensar las cosas.

La planeación y la rutina te dan la facilidad de disfrutar realmente el momento contigo, con tus hijos, con tu esposo, con tu familia.

Entre más organizada seas, más feliz serás.

## PLANEACIÓN

*Tips* para planear:

1. Define un día de la semana para planear todo lo que necesitas. Ejemplo: los domingos por la tarde planea el menú de la semana, gastos, etc.
2. Establece metas prácticas y realistas. Ejemplo: Quiero hacer ejercicio 3 veces a la semana mínimo 15 minutos por día

3. Haz un check list de todo lo que necesitas para realizarlo
4. Cuando estés planeando, busca cómo el "sí lo puedes lograr". No te límites. Explora todas las posibilidades
5. Anticípate: Si hago esto… ¿qué puede pasar?, ¿cómo lo solucionaré?, ¿qué o a quién voy a necesitar?
6. Apóyate en recursos para lograrlo: agenda física, agenda del celular, calendario semanal en el refrigerador, post its, etc.

## ANTELACIÓN

Mentalízate siempre para estar un paso adelante. Adelanta todo lo que puedas siempre que puedas, y aprovecha el tiempo al máximo cuando lo tengas disponible. Así te sentirás más libre y más relajada, y tendrás tiempo de sobra para ti u otros planes.

Siempre piensa en la consecuencia*gratificación: si hago esto ahora, después tendré tiempo libre para mí para........................................................
.........

1. ¿Qué cosas podrías adelantar que te ayudarían?
   -Tener la pañalera siempre lista, ropa del día, pagar servicios en línea, etc.

# RUTINA CON PROPÓSITO

Cuando creamos una rutina estamos organizando las tareas por hacer, y si se cumple con eficiencia, podemos darnos cuenta de que tendremos más tiempo libre para disponer como lo deseemos. Así, cuando adoptas una rutina con tu estilo de vida estás beneficiando tu atención y concentración, porque aprendes a hacer una sola cosa a la vez y no 1000 al mismo tiempo, pero a medias. Es decir, tú decides cómo y cuándo hacer las cosas de forma sobresaliente.

Estos son los beneficios de tener una rutina diaria: aumenta tu eficiencia, beneficia tu salud mental, trae organización a tu vida, mejora la calidad del sueño, no más acumulación de trabajo mejora tu autodeterminación, evita o elimina malos hábitos, entre otros.

Tips para establecer rutina:

1. Escribe el por qué quieres seguir esa rutina ¿Cómo te ayudará?
2. Haz una lista corta de actividades
3. Prioriza las actividades
4. Sé consistente. Trata de que siempre suceda a la misma hora, tiempo y lugar
5. ¡Hazla divertida!

   ♥ Cosas que sí o sí debes establecer rutina o agendar con tu familia
   ♥ Marca las que ya haces:

- Actividades/Eventos/Citas de la semana
- Tiempo en familia
- Tu rutina de autocuidado
- Salida romántica con tu esposo (solo los dos)
- Presupuesto de la semana, mes, año
- Comidas de la semana
- Limpieza de la casa: cocina, baños, lavandería, etc.
- Rutinas de sueños de tus hijos (ESTO TE SALVA LA VIDA).

## LO MÁS IMPORTANTE
Comparte e involucra a todos en la planeación de estas actividades. De esta forma será más fácil realizarlas. A nadie nos gusta que nos impongan algo, pero sí nos gusta hacer algo en lo que opinamos.

## RECUERDA
La flexibilidad y lo no planeado es lo que da la chispa a la vida diaria. Obviamente no podemos controlar todo lo que sucede, pero sí podemos controlar cómo reaccionamos a ello. Aprende a sonreír y disfrutar los momentos no planeados.

# INTÉNTALO... ¡TÚ PUEDES!

- ¿Qué intentarás hacer este día, esta semana, este mes para planear y adelantar mejor?

Recuerda, lo importante es iniciar con una cosa a la vez. Y si fallas, vuélvelo a intentar hasta que funcione. Solo si lo intentas, lo sabrás. Lo único que puede suceder es que todo mejore.

*"Lo que no dejas ir, lo cargas.*
*Lo que cargas*
*te pesa, y lo que te pesa, te hunde.*
*Aprende a soltar, a dejar ir y a*
*perdonar y alcanzarás la paz"*

*- Créditos al autor*

## S14

# ABRAZA EL CAOS Y APRENDE A SOLTAR

## El arte de abrazar la incertidumbre es aprender a disfrutar el aquí y el ahora

Maternidad es el ejercicio constante de soltar el control. Aprendamos a soltar las expectativas inalcanzables. Cuando no puedes controlarlo todo y dejas que la vida fluya, pasan cosas MARAVILLOSAS. ¿Cuál es la prisa? Calma, siempre hay tiempo.

¿Qué pasaría si sólo por hoy, en lugar de estresarte y gritar, respiras, sonríes y sueltas el querer controlarlo todo y que todo sea perfecto? ¿Y si esto lo repites varias veces al día? Como mamás, queremos controlarlo todo y si algo no sale como lo planeamos, estallamos en estrés, enojo y frustración.

Poco a poco, aprende a soltar y ser flexible, y sobre todo pensar positivo y desde un lugar de aprendizaje. ¿Y si en lugar de gritar, sonrío y le hago cosquillas a mis hijos? ¿Y si sólo por hoy permito que se duerman un poco tarde?

**Importante:** cómo nos sentimos y reaccionamos a lo que sucede influencia el comportamiento de nuestros hijos.

5 razones por las que sufrimos emocionalmente:
1. Querer controlarlo todo
2. Desear cambiar el pasado
3. Aferrarte a lo que no puede ser
4. Desear que las cosas sean como tú quieras, y no como en realidad son
5. No aceptar cómo eres en todo momento.

El dolor no es lo mismo que el sufrimiento. El dolor es parte de la vida y viene de perder lo que amamos. El sufrimiento viene de no aceptar lo que pasa, de creer que las cosas tienen que ocurrir como tú quieres.

En la misma línea, la ansiedad ataca cuando crees que tienes que resolver todo al mismo tiempo. Relájate, respira, eres fuerte y todo empieza con un paso a la vez. Otro pensamiento que me gusta recordar es lo que dijo Lao Tzu: «"Si estás deprimido, estás viviendo en el pasado. Si estás ansioso, estás viviendo en el futuro. Si estás en paz, estás viviendo en el presente"».

# INTÉNTALO... ¡TÚ PUEDES!

- ¿Cómo vas a reaccionar la próxima vez que te sientas estresada, ansiosa, enojada o frustrada?
- ¿De dónde vienen todas esas emociones negativas y cómo las sanarás?
- ¿En qué te gustaría ser más flexible contigo y con tu familia?

# 15 trucos para conservar la calma

## Recuerda, lo importante es practicar

1. Cierra los ojos, respira y sonríe. Vuelve a empezar
2. Pon tu mano sobre tu corazón, cierra los ojos y realiza 3 respiraciones profundas
3. Repite un mantra que te ayude a sentirte mejor:
   a. "Soy calma y doy calma"
   b. "Todo está bien…Todo va a estar mejor"
   c. "Yo controlo mi mente y mis pensamientos, yo puedo reaccionar de la mejor forma"
   d. "Inhalo todo lo positivo y exhalo todo lo negativo que no quiero conmigo". Acompáñalo con respiraciones profundas.
4. Agradece 5 cosas de tu alrededor en ese momento
5. Lava tu cara con agua fría
6. Canta lo siguiente que vayas a decir (suena raro, pero te va a relajar)
7. Toma un vaso de agua o un té
8. Da un abrazo por 20 segundos a alguien
9. Dáte un abrazo a ti misma y haz 3 respiraciones lentas y profundas
10. Ríete
11. Sal a caminar
12. Estira/mueve tu cuerpo: baila, brinca, lo que se te ocurra
13. Toma una ducha

14. Escucha tu música favorita
15. Piensa en momentos que te traigan mucha felicidad, cierra los ojos, respira, inhala y exhala.

*"No necesitas comer menos,*
*sólo necesitas comer mejor*
*y mover tu cuerpo"*

*– EVA RAMÍREZ*

## S15

# BUENA COMIDA, BUEN HUMOR

## Comes bien… Te sientes y piensas mejor

Las mamás somos atletas de alto rendimiento. Por lo que una alimentación saludable es clave para lograr el día a día con la mejor actitud. Dime qué comes y te diré cuánto te amas. Cuando comes bien, tu cuerpo se siente más joven, ágil, ligero y tú te sientes con mayor energía y una súper autoestima. Si bien se dice, que el estómago es el segundo cerebro. Comer bien te hará sentir y pensar mejor. Todo es balance.

Recuerda que entre más completas y frescas estén tus comidas, tú te vas a sentir mejor, con más energía y saciedad. Enfócate en los NUTRIENTES de lo que consumes. En el opuesto de esta relación podemos decir que una mala alimentación puede producir depresión, tal es así que se sabe que una dieta pobre en antioxidantes, rica en grasas trans y escasa en micronutrientes puede dar origen a un estado emocional alterado. Por ejemplo, la ingesta excesiva de azúcar puede causar irritabilidad, cambios repentinos de humor y fatiga. Y esto lo vemos muchas veces en los niños por comer tantas golosinas. Tu cuerpo es tu templo, cuídalo.

## Intenta ESTO

- ♥ Toma agua al despertar y antes de cada comida. Hidrata tu cuerpo lo más que puedas con agua, té, agua de frutas, agua de coco, entre otras

- ♥ Entre más fresca esté tu comida, mejores nutrientes para tu cuerpo. Entre más procesada esté tu comida, peor le caerá a tu cuerpo y mente

- ♥ Haz que la hora de la cena no esté tan cerca de la hora de dormir

- ♥ Organiza tus comidas y snacks. De esta forma tendrás apoyo y armonía sobre tu alimentación. También, te ayudará a planear mejor tus compras en el supermercado

- ♥ BALANCE. Lo bonito es comer de todo, pero lo importante es la cantidad y acompañarlo con ejercicio diario y mucha hidratación

- ♥ Recuerda, tú puedes ser el ejemplo para tu familia, inténtalo

- ♥ Los domingos prepara la comida para el resto de la semana, esto te dará más tiempo libre y un apoyo para comer sano

- ♥ Comidas que te levantan la energía: salmón, chocolate negro, avena, plátanos, frutos rojos, nueces y café.

Cuentas en Instagram de nutriólogas que me gusta su contenido y profesionalismo, sobre todo, motivación a comer sano:

- @Danielacantu.nutrición - Psicoalimentación, Nutrióloga con Máster en Psicología
- @danielavizcarramx
- @healthy.ivonne
- @pamelaberrondo

# INTÉNTALO… ¡TÚ PUEDES!

- ¿Qué te gustaría cambiar de tus hábitos alimenticios? ¿Qué te gustaría intentar con tu familia? ¿Qué te gustaría intentar esta semana? ¿Qué vas a hacer para lograrlo? ¿Por qué lo quieres hacer? ¿Si lo hicieras cómo te sentirías tú, tu mente y tu cuerpo después de hacer estos cambios?

**"**

Recuerda que no es hasta que tú cambias, que las situaciones y personas en tu vida cambian. Todo comienza contigo. No eres una víctima de tu realidad, eres una persona con toda la capacidad de crear la vida que deseas…
Comienza a creer que eres capaz y enfócate en dar el primer paso

**"**

*-Créditos al autor*

*"El ejercicio no sólo cambia tu cuerpo, cambia tu mente, tu actitud y tu humor"*

*– EVA RAMÍREZ*

# S16

# MUÉVETE

## Dale a tu cuerpo alegría Macarena...

"Le pedí un cuerpazo a Dios y me dio un hijo con mucha energía". Un día reflexionando sobre toda la energía que tiene mi hijo, me di cuenta de que es una ayuda de Dios para hacer mucho ejercicio (Siempre piensa en el lado positivo de las cosas). Todos los días salgo a caminar con mi hijo y le ayuda muchísimo a dormir excelente sus siestas y en la noche. Según pediatras, los niños deben pasar al menos 3 horas en la naturaleza para un mejor desarrollo y humor.

1. Mueve tu cuerpo, como sea y donde sea. Pueden ser desde 10-15 minutos de ejercicio de alguna app, video de YouTube o simplemente bailar con tu bebé en la cocina. Tú decides que se te acomoda mejor:

   a) Algo que me propongo diariamente: hacer 20 sentadillas al día y recordar hacerlas antes o después de cada comida

   b) Baila mínimo una canción al día tu sola o con tus hijos, de preferencia tu canción favorita. Esto mejorará tu humor y fortalecerás tu conexión con tus hijos.

Hoy en día existen muchas aplicaciones/páginas de internet de ejercicio que te permiten hacerlo en 15 o 20 minutos. Aumenta tu energía y buen humor. Si no sabes por dónde empezar, intenta todo hasta que descubras lo que más disfrutas hacer. Te comparto las que he probado y me han gustado:

1. *YouTube*:
   - Gymvirtual: encuentras todo tipo de ejercicios en español
   - Popsugar: encuentras todo tipo de ejercicios en inglés
   - Susana Ares: ejercicios postparto y más
   - Sofia Larios: todo tipo de rutinas
   - EmkFit: como zumba, pero mejor
   - MalovaElena: hipopresivos.

2. Otros (Instagram/APP/página web):
   - Nike Training Club
   - Fit by Ale Rubio @fitbyalerubio/www.alerubio.com (Todo tipo de ejercicios: alto impacto, spinning, yoga, pilates, barre etc)
   - Shake and sculpt by Magaly @magaly.ss/www.shakeandsculpt.com

- Noralinda Coach (Hipopresivos) @noralinda.coach/www.noralindaco ach.com

- Pelotón: (*Spinning*, yoga, box, etc). Existen diferentes marcas y programas de *spinning*. Evalúa tus posibilidades y haz la inversión. En mi caso, uso Pelotón y amo las clases de la coach Robin Arzon, quien también acaba de ser mamá. Durante sus clases da increíbles y motivacionales mensajes que te alegran el día o la semana o toda la vida. Te sientes acompañada y las clases pueden ir de 10 minutos a 1 hora. Las clases "Tabata" duran 15-20 min y te ayudan a quemar mucha grasa, que es su objetivo.
www.onepeloton.com

# INTÉNTALO… ¡TÚ PUEDES!

"Yo puedo, creo, y confío en mí. Hago que suceda"
- ¿Qué ejercicio planeas hacer para sentirte mejor? ¿Cuándo, dónde y cuántas veces lo harás esta semana?
- Recuerda, es mejor empezar poco a poco, que mucho, y enseguida cansarte
- Todo se empieza, empezando. 10-15-20 minutos. ¡TODO ES VÁLIDO!

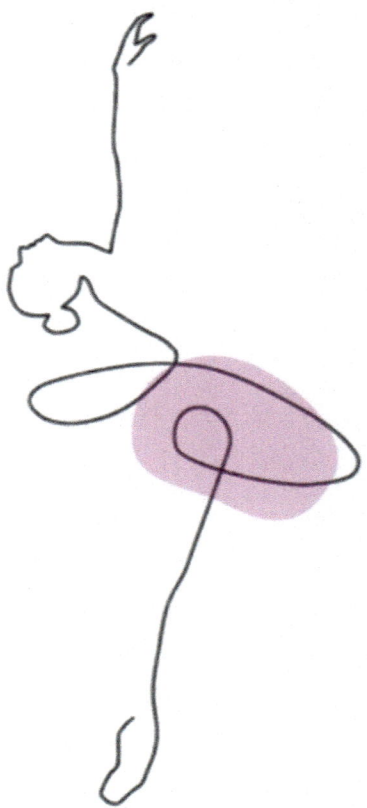

*"Que tu alegría, sea un reflejo
de tu salud"*

*-EVA RAMÍREZ*

## S17

# LA FELICIDAD RADICA ANTE TODO EN LA SALUD

## La salud no lo es todo, pero sin ella, todo lo demás es nada

¿Cuándo fue la última vez que fuiste con tu ginecóloga para un chequeo general o buscar un nuevo método anticonceptivo que te sienta mejor o hacerte el papanicolaou?, ¿cuándo te autoexploraste para prevenir cáncer de mamá?

Recuerdo cuando una amiga me dijo que por muchos meses no sentía ganas de levantarse y se sentía deprimida. Al final resultó que algo había con su tiroides que la hacía sentirse así. Si algo he aprendido como madre, es que nada nos detiene, ni la enfermedad. La tienes, pero ni la sientes, porque primero está tu familia y piensas que "tú no tienes derecho a enfermarte o sentirte mal" porque todos dependen de ti.

Muchas veces nuestro sentir diario puede venir de nuestra mente, pero también de nuestro cuerpo: depresión, método anticonceptivo que no le está haciendo bien a tu cuerpo, depresión post parto, hormonas, falta de vitaminas, anemia, deshidratación, entre otros.

En mi caso, me pasó que por las noches me sentía tan cansada que para las 7 pm ya tenía sueño. Y sí, comía bien, dormía bien, hacía ejercicio y llevaba una vida saludable. Mis exámenes de sangre salieron perfectos, y cuando vi a mi ginecóloga le comenté sobre eso y me dijo que tal vez era que me faltaba Vitamina D porque me la pasaba encerrada en la oficina sin exposición al sol y sí, mis exámenes mostraron eso. Otro de mis historias personales fue que, a los 15 días de tener a mi bebé, me dolía muchísimo la espalda y pensé que era por la actividad diaria, porque no tenía quien me ayudara a mi alrededor con mi bebé. Resultó que un dolor insostenible a las 3 am hizo que me llevarán a urgencias y me dijeran que tenía piedras en el riñón. (Mi aversión al dolor es muy alta y mi dieta antes y durante el embarazo fue siempre saludable).

*"Nunca te dejes para el último, porque la vida se va en un instante. Más vale pecar de exagerada"*

# INTÉNTALO... ¡TÚ PUEDES!

- ¿Necesitas ir con un médico? ¿Por qué no lo has hecho? ¿Cómo cambiaría tu vida si lo hicieras? ¿Cómo te sentirías?

*"La belleza está en tu espíritu"*

*– EVA RAMÍREZ*

## S18

# VISTE PARA EMPODERARTE

## Hoy es un buen día para ponerte algo bonito y brillar

¿Alguna vez te has dado cuenta del efecto que tiene sonreírte al espejo?, ¿cómo te gustaría vestirte todos los días? Muchas veces, te despiertas con el grito de tus hijos y ni tiempo ni ganas de arreglarte porque sabes que te vas a manchar o porque quieres estar cómoda.

Mi secreto, busca ropa cómoda y bonita, que, aunque no sea para salir, te sientas poderosa usándola. No porque tu ropa sea "cómoda" no puede ser de buen vestir. Aquí te van unos tips:

- Prepara tu cambio de ropa una noche antes. Así, al día siguiente te sentirás feliz y cómoda con lo que vistes
- Si usas ropa deportiva la mayoría del tiempo, que sea ropa que te guste y con lo que te sientas sexy y empoderada. Intenta nuevos estilos, colores y combinaciones agregando chaquetas y camisas formales
- Viste blusas que tengan frases que te empoderen

- A la moda lo que te acomoda: Sé práctica y realista con la ropa que te queda mejor de acuerdo con tu tipo de cuerpo, tono de piel, color de cabello, forma de cara, etc.

- Eleva tu ropa usando zapatos sin tacón, pero con estilo, puedes jugar con el color o su textura. ¡Se verá increíble!

- ¡No sólo los pantalones son cómodos! Las faldas midi y los vestidos (en especial que vayan debajo de la rodilla) pueden darte una comodidad única. Créeme, una vez que los pruebes no querrás dejar de usarlos todos los días

- Como mamás debemos saber que en el momento menos esperado vienen los accidentes, así que para no perder tu estilo solo recuerda de repente usar prendas estampadas u oscuras para así disimularlo un poco

- Haz magia al vestir con el uso de una tercera pieza que te haga sobresalir. Usa algo que distinga lo que traes puesto: una pañoleta, chaqueta, una bolsa, zapatos, etc.

- Una mujer que sonríe tiene el mundo a sus pies. Tu sonrisa y tu alegría siempre serán el mejor accesorio

- Crea una *vission board* de ideas sobre cómo te gustaría vestirte

- Básicos para resaltar siempre tu belleza: labial, rímel y perfume. No necesitas demasiado maquillaje para verte más hermosa de lo que ya eres.

**Siempre que te sientas triste, arréglate y vístete para sentirte bonita, valiosa y levantar tu ánimo**
Cuentas en instagram de asesoras de imagen que debes seguir:

- @adrianaruiz_personalstylist
- @projectglamm
- @ds_asesoradeimagen
- @asesora.de. imagen

# INTÉNTALO… ¡TÚ PUEDES!

- ¿Qué cambios harás con tu guardarropa?
- ¿Qué reto quieres ponerte esta semana sobre tu aspecto físico/arreglo/cuidado personal?

*"Nunca es tarde para cambiar
el mundo en el que vives"*

*– EVA RAMÍREZ*

## S19

# VEO BONITO, SIENTO BONITO

## Lo que me rodea me inspira

Crea en tu hogar el entorno, ambiente e inspiración para ser y sentirte feliz. ¿Qué te gustaría ver a tu alrededor que haría que te sientas más feliz?

- Fotos de tu familia en momentos felices (viajes, fiestas, tradiciones, premios, entre otros.)
- Frases de amor: Colócalas en lugares visibles como el refrigerador o puertas
- Compra flores naturales PARA Y POR TI y colócalas en la cocina o en tu cuarto
- Agrega en un lugar visible tus metas personales, en pareja y como familia
- Tener plantas alrededor te hará sentir paz
- Entre menos cosas (juguetes, decoración, etc.), menos tiempo tardarás en limpiar la casa. Ten tus espacios limpios y lejos de excesos
- Usa aromaterapia y velas que te gusten
- Cambia la decoración con colores alegres:
  - Amarillo: Optimismo, hospitalidad
  - Azul: Calma, serenidad, descanso, confianza, inteligencia
  - Blanco: Paz, pureza, limpieza, virtud
  - Verde: Crecimiento, renovación, relajación, juventud

- Naranja: Energía, cambio, movimiento, vitalidad.

## INTÉNTALO… ¡TÚ PUEDES!

- ¿Qué cambios harás en tu cocina, sala, dormitorio y jardín?
- ¿Qué reto quieres ponerte esta semana sobre el espacio que te rodea?

## Hasta aquí, ¿Cómo te sientes? ¿Qué cambios has aplicado en tu vida? ¿Cómo está mejorando tu vida? ¿Qué está cambiando?

12. Desintoxícate.

♡ Cambio realizado:

_____

13. Tus mejores amigas son la planeación y la rutina con propósito.

♡ Cambio realizado:

_____

14. Abraza el caos y aprende a soltar.

♡ Cambio realizado:

_____

15. Buena comida, buen humor.

♡ Cambio realizado:

_____

16. Muévete.

♡ Cambio realizado:

_____

17. La felicidad radica ante todo en tu salud
Cambio realizado:

_____

18. Viste para empoderarte.
Cambio realizado:

_____

19. Veo bonito, siento bonito.
Cambio realizado:

_____

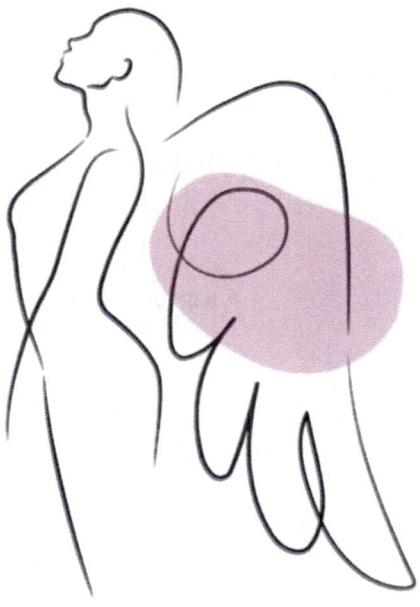

# Buscadme
## *y viviréis*

## AMOS 5:4

## S20

# DIOS

**Al que cree todo le es posible.**
**Marcos 9:23**

Dejé este secreto para el final, porque a veces queremos buscar todas las respuestas y soluciones en el mundo exterior. Buscamos tanto tanto que siempre ha estado la respuesta ahí, está dentro de nosotras, en nuestro corazón. Confía.

Siempre habrá retos como mamás, y todo siempre es para nuestro mayor bien, para ser mejores seres humanos y vivir la vida más bonita. Y porque así es la vida, de muchos colores todo el tiempo, se llama vivir, sentir y crecer… Ser humana.

Ser mamá es un poder divino. Es la gracia de Dios que siempre te acompañará. Y como me dijeron alguna vez, tener un hijo es un milagro. A veces me asombro de mí misma, de todo lo que como mamás somos capaces de lograr diariamente. La carga física y emocional a veces es extraordinaria, y no nos damos por vencidas y si lo hacemos, lo seguimos intentando con más fuerza y amor al otro día.

Aprendamos a tener fe y a fortalecerla. La fe es creer que todo es posible y que todo estará bien y mejor, porque así es sólo si tú lo decides. La fe nos da esperanza y optimismo para lograr un futuro mejor.

Pero ojo, esto no es por arte de magia, sino también porque hacemos algo para que suceda. La fe nos acompaña en este proceso para sobrellevarlo mejor, apreciar nuestro presente que es un regalo e impulsarnos a lograrlo. Y esto es lo que siempre me ha ayudado a seguir intentando y ser feliz. Porque mejorar es un acto de amor.

Confía en Dios y verás su amor y gloria en tu vida. Tú no lo ves, pero Él siempre camina contigo.
Salmos 23:4

Espera lo mejor y todo lo mejor vendrá a ti. Y mientras esperas, imagina, siente y vive en tu mente con gozo aquello que deseas experimentar. Y algo importante, si aún no lo ves, no te desanimes y continúa, confía en que el momento perfecto llegará. Y lo hará. Dios hace posible lo imposible y soy testigo.

*Todo lo que hagan*
*háganlo con amor*

1Corintios. 16:14

"En estos tiempos, la
oración es la manera
más bonita de abrazar a
alguien.
Siempre ora por tu
familia
y por ti "

## S21. TU SECRETO

### Me hace feliz…

¿Cuál es tu secreto para ser feliz? Haz una lista de todo lo que te haga feliz, que te saque una sonrisa y que te ayude a gozar la vida en todos sus colores. Una vez que la tengas, comprométete a hacer mínimo UNA de esas actividades por día. En pocas palabras:

**AGENDA TU FELICIDAD.**
- 1.
- 2.
- 3.
- 4.
- 5.
- 6.
- 7.
- 8.
- 9.
- 10.

*"Quiero estar sentada a mis 80 años gozando de acordarme todo lo que viví. Y no porque todo fuera perfecto, fácil y divertido. Pero porque hice todo lo que estaba en mí para vivirlo y verlo de esa manera"*

*- MARGUGA*
*#coffuelledletters*

# Mi rutina diaria para hacerme feliz

1. ¿Qué voy a hacer hoy para sentirme bien y ser feliz?


2. Hoy estoy agradecida por:
   ♥ .
   ♥ .
   ♥ .


3. Mi afirmación para empoderarme hoy:


4. Hoy qué quiero lograr y qué haré para obtenerlo:

| Meta | Acciones |
|---|---|
|  |  |
|  |  |
|  |  |

5.  Agenda de actividades para ser feliz

| Mañana | Tarde | Noche |
|--------|-------|-------|
|        |       |       |

Gracias por llegar hasta aquí y por leerme. Que estés teniendo una vida llena de mucha alegría y que seas esa mujer, mamá y esposa que quieres. Porque si está en ti, es porque lo puedes hacer realidad.

Eres la mejor mamá para tus hijos y lo que ellos necesitan.

Eres suficiente y mañana será mejor.

Disfruta tu vida y tu maternidad, que sólo tendrás una.

Todo mejora, porque tú te vuelves mejor.

Ámate profundamente hoy y siempre,

Todos los días haz algo por y para ti, cuídate.

Siempre échate porras y cree en ti. Nadie más puede hacer ese trabajo por ti.

Nunca juzgues a otra mami, mejor apóyala, guíala y ayúdala. Y si alguien la juzga, actúa. Marca un alto en ese círculo de juicios; todo empieza en nosotras.

Ve por la vida que quieres, te lo mereces.

Nunca olvides tus sueños.

Ser mamá es duro. Pero siempre recuerda que a los ojos de tus hijos nadie lo hace mejor que tú.

Siempre recuerda que las mujeres valientes son imparables.

No te aceleres, no todo es hoy ni ahora. Descansa, respira, la vida lleva un curso; deja que el tiempo y tu corazón te guíen para llegar a ese lugar.

Volverás a dormir, volverás a ser tú, volverás a tener tiempo, volverás a salir, pero ellos, van a ser niños solamente una vez.

No te compares con otras mamás, todas estamos enloqueciendo solo que a unas se les nota menos que otras.

Todo lo que sucede tiene un propósito… Transformarte.

## Esfuérzate y sé valiente (Josué 1:9)

*Te mando todo mi amor y cariño, ¡tú puedes!*
*Creo en ti mamá*

EVA

Me encantaría escucharte, escríbeme a:
proyectomamasfelicess@gmail.com

Suscríbete a mis cartas semanales:
Instagram: @proyectomamasfelices
#proyectomamasfelices
Facebook: Proyecto mamás felices

pre-Hispanic
Publishing House

Made in the USA
Las Vegas, NV
21 April 2023

70928382R00115